MÜNSTERSCHWARZACHER KLEINSCHRIFTEN

herausgegeben
von den Mönchen der Abtei Münsterschwarzach

Band 83

Basilius Doppelfeld OSB

SYMBOLE IV
Mensch und Zahl

VIER-TÜRME-VERLAG MÜNSTERSCHWARZACH
1994

Basilius Doppelfeld OSB

SYMBOLE IV
Mensch und Zahl

VIER-TÜRME-VERLAG MÜNSTERSCHWARZACH
1994

Die Deutsche Bibliothek – CIP- Einheitsaufnahme

Doppelfeld, Basilius:
Symbole / Basilius Doppelfeld. – Münsterschwarzach : Vier-Türme-Verl., 4. Mensch und Zahl. – 1. Aufl. – 1994
(Münsterschwarzacher Kleinschriften ; Bd. 83)
ISBN 3-87868-504-1
NE: GT

1. Auflage 1994
Gesamtherstellung: Vier-Türme-Verlag, D-97359 Münsterschwarzach Abtei

ISSN 0171-6360
ISBN 3-87868-504-1

INHALT

EINLEITUNG

Die Faszination der Zahl

Zahlen sind nüchtern; sie sind so etwas wie eine Kurzschrift der Wirklichkeit. Das mag beim Geld noch angehen, wenn wir die riesigen Summen abkürzen; aber beim Menschen? Wir lesen von Tausenden Toten einer Naturkatastrophe und benötigen einige Zeit und Anstrengung, um uns auch nur einige dieser Menschen vorzustellen in ihrer Individualität und Not. Wenn es „nur" Hunderte wären, welch gewaltiger Unterschied an menschlichem Schicksal! – und in Zahlen doch nur eine Null weniger. Nicht umsonst sprechen wir von „nüchternen Zahlen". Dabei sind Zahlen auch geheimnisvoll; sie hängen zusammen nicht nur in der Weise logischer Reihenfolge. Wir kennen Glückszahlen, Zahlenspiele, Zahlen als Sinnbilder. Die Arithmetik ist eine Kunst für sich, nicht nur eine sachliche Beherrschung der in Zahlen ausgedrückten oder komprimierten Realität. Zahlen machen die komplexe Welt überschaubar, quantifizierbar und dadurch beherrschbar. Diesen Sinn hatte immer und hat erst recht im Zeitalter der Computer die Volkszählung, die den einen als Hilfe zur besseren Verwaltung unverzichtbar erscheint und den anderen Angst macht, weil sie das Bild vom vollständig erfaßten, „gläsernen" Menschen bedrohlich an die Wand malt.
In der Zahl liegt nämlich auch die Versuchung, durch genauere Kenntnis besser herrschen zu können. David, der König von Israel, ist dieser Versuchung erlegen: Er ließ sein Volk zählen - und bereute es: „Israel zählte achthunderttausend Krieger, die mit dem Schwert kämpfen konnten, und Juda fünfhunderttausend. Dann aber schlug David das Gewissen, weil er das Volk gezählt

hatte, und er sagte zum Herrn: Ich habe schwer gesündigt, weil ich das getan habe. Doch vergib deinem Knecht seine Schuld, Herr; denn ich habe sehr unvernünftig gehandelt" (2 Sam 24,9-10). David hatte mehr auf die Zahlen als auf Gott vertraut, eine Versuchung, die sich seither ständig wiederholt hat, und die zu Zeiten des Alten Testamentes auch noch an anderer Stelle belegt ist (vgl. Num 1-4).

Wer die Zahlen kennt, hat so etwas wie einen zusätzlichen Schlüssel; er kann seine und der anderen Möglichkeiten und Stärken besser abschätzen. Wissen ist Macht – Zahlen bedeuten Macht; und manchmal spielt auch die Magie dabei eine Rolle.

Auf der Suche nach den Maßstäben des Lebens hat sich schon bei den griechischen Philosophen so etwas wie eine Zahlenmystik entwickelt, die Endres und Schimmel in ihrem Buch „Das Mysterium der Zahl" (S. 30) so beschreiben: „1. Die Zahl beeinflußt das Wesen der Dinge, die in ihr irgendwie angeordnet sind. 2. Die Zahl wird dadurch zum Mittler zwischen Göttlichem und Irdischem. 3. Wenn man also Operationen irgendwelcher Art mit Zahlen ausführt, so wirken diese Operationen auch auf die Dinge, die mit den entsprechenden Zahlen zusammenhängen. Damit erhielt jede Zahl ihr besonderes Wesen, ihren Zauber, ihre metaphysische Bedeutung." Die Zahl als Schlüssel zur Macht.

Viel nüchterner erscheinen uns dagegen die Zahlen, mit denen wir täglich zu tun haben, ja die uns repräsentieren - und vielleicht doch auch Operationen an uns ermöglichen, wie die Pythagoräer gemeint haben. Wir sollten die Nummer unserer Kennkarte oder unseres Passes im Kopf haben, unsere Kontonummer, die verschiedenen Geheimnummern von Scheck- und Kreditkarten natürlich und zwar nur im Kopf, der Sicherheit wegen. Schuh- und Wäschegrößen sollte man parat haben, um nicht immer wieder anprobieren zu müssen. Das sind noch „natürliche" Nummern oder zufällige. Es gibt aber auch die „intelligenten" Personenkennzeichen in Zahlenform, die hinter der Anordnung der Ziffern Aussagen über Geschlecht, Nationalität, Beruf, eventuelle Vorstrafen oder Krankheiten und manches andere mehr verbergen – ohne daß wir es ahnen. Ein Lesegerät durchschaut das alles schneller als der tüchtigste Kriminalist. Sind wir Menschen zu Nummern geworden, ohne es zu merken? Eines jedenfalls ist klar: Zahlen haben auch etwas Bedrohliches an sich, gerade weil sie so nüchtern-sachlich scheinen und so leicht verwechselt werden können mit Zufälligkeiten.

Da wirken die neun Zahlen des Enneagramms schon harmloser, obwohl auch sie es in sich haben. Sie symbolisieren neun verschiedene Charaktertypen, was natürlich in sich schon eine fragwürdige Vereinfachung bedeutet und doch manches für sich hat. „Ich bin eine Fünf, was bist du?" Ist das die neue Weise, in der wir Menschen uns kurz und knapp ausdrücken und begegnen werden und uns einbilden, einander zu kennen?

Wie leicht hatten es da doch die Menschen früherer Generationen, die an eine mathematisch geordnete Welt glaubten, an eine „harmonia mundi". In Zahlen mag manches harmonisch scheinen, das doch in seinem Inneren ein Chaos ist. Vielleicht kann uns nur die Musik über solche trüben oder beängstigenden Gedanken hinwegtrösten, etwa die eines Johann Sebastian Bach, der von dieser Harmonie der Welt überzeugt war.

Zahlen enthalten, und Zahlen verbergen; das macht ein Gutteil ihrer Faszination aus. Da gibt es Sum-

men- und Quadratzahlen, und je länger eine Ziffernfolge ist, desto interessanter wird es, sie in ihre möglichen Bestandteile zu zerlegen und nach weiteren Zusammenhängen zu suchen. Da gibt es Reihen, deren Summen eigene Bedeutungen zugemessen werden, so etwa die Zahl fünfundfünzig als Summe aller Zahlen von eins bis zehn. Geometrie und Trigonometrie bieten beliebte Beschäftigungen mit der Welt der Zahlen. Und nicht zu vergessen – auch wenn sie in der Folge keine Rolle spielen – sind die Glückszahlen und der mit ihnen zusammenhängende Aberglaube. Da wird den Zahlen zuviel zugetraut – oder zugemutet. Wir wissen zwar sicherlich noch nicht alles über die Zahlen, aber wir sind durch das, was wir erkennen können, eher nüchterner geworden.
Zahlen gehören zum Weltbild des Menschen. Seinen Lebensraum erfahrend, dann messend, unterscheidend, einteilend und schließlich deutend – und das alles weitgehend in Zahlen und deren Zusammenhängen –, so verarbeitet der Mensch seine Erfahrung mit und in der Welt. So werden Zahlen zu Kurzformeln, zu Sinnbildern und Symbolen seines Weltbildes, vielleicht auch zu Symbolen des Menschen selbst. Auch das Heilige, das der Mensch erfährt, ist Teil seines Weltbildes; deshalb werden Zahlen ebenso zu Symbolen religiöser Erfahrung und sind – von göttlicher Seite her – Offenbarungen des letztlich dennoch Unfaßbaren, sind Chiffren, die zu deuten nicht immer leicht fällt. Um das zu belegen, braucht es keine großen und komplizierten Zahlenstrukturen; es genügen die Eins und die Drei – und schon kann das Theologisieren über die Dreifaltigkeit des einen Gottes beginnen.

Auf den folgenden Seiten wird aus der Fülle der Bedeutungen und Bilder von Zahlen eine kleine

Auswahl zusammengestellt, wobei der Schwerpunkt auf unserem Kulturraum und der Welt der Bibel liegen wird. In der am Schluß dieses Buches ebensfalls nur in Auswahl angegebenen Literatur können weitere Bedeutungen, vor allem aus anderen Kulturräumen, nachgelesen werden. Wichtiger aber ist wohl, sich persönlich auf die Welt der Zahlen einzulassen, auf ihren Symbolcharakter für das eigene Leben, auf die Zusammenhänge, die oft so naheliegend und doch verborgen sind. Die Zahlen verbergen und entbergen; sie sind nicht alles, wie das Glückslos im Lotto, aber sie sind ein wichtiger und für viele von uns ein zu unbekannter Teil unserer Welt.

DIE ERSTEN ZWÖLF

In den ersten zwölf Zahlen ist das Meiste, was man über das System der Zahlen sagen kann, bereits grundgelegt. Immer wieder begegnet einem das Beziehungsnetz, das zwischen den Zahlen des ersten Dutzend besteht. Die Zwei, die Drei, die Vier tauchen immer wieder auf, und noch interesssanter wird es mit der Fünf und Sieben, während die Zehn alles abrundet. Deshalb wird den ersten zwölf Zahlen auch der breiteste Raum gewährt.

1 Eins und ganz

Das Eine und das Ganze ist der Urgrund alles Existierenden, das Undifferenzierte und Unreduzierbare, das All, geometrisch der Angelpunkt, an dem alles hängt. So denkt es wenigstens der Mensch, der nach dem Urgrund sucht und dem es schwerfällt, an den Zufall und das Chaos als Anfang allen Seins zu glauben.
Doch was ist die Eins oder das Eine? Die Griechen waren der Meinung, die Eins sei keine Zahl; was zählt sie denn, wo man erst zählen kann, wenn mehr als Eines da ist? Die Eins sei eine Monade, ein verloren wirkendes Eines. Was ist die Eins geometrisch? Ein Punkt oder ein Kreis? Die Chinesen wußten es besser zu erklären: Die Eins ist das Absolute, das Tao.
Der griechische Philosoph Aristophanes hat mit seiner Deutung vom Menschen als dem unerfüllten, dem halbierten Wesen, das in seinen zwei getrennten Hälften nach der verlorenen Einheit sucht, die Eins verstanden als die Einheit der Geschlechter, vor aller Differenzierung, die zu Not und Sehnsucht führt, weil Mann und Frau

zueinander drängen. Die Eins ist die Einheit der Unterschiede und Gegensätze vor aller Differenzierung, am anschaulichsten zu machen in der Beziehung der Geschlechter.
Sehnsucht nach Einheit ist auch eines der großen Themen im Johannesevangelium, wo Jesus über sich und Gott sagt: „Ich und der Vater sind eins“ (Joh 10,30), so wie es später von der christlichen Urgemeinde in Jerusalem heißt, daß sie „ein Herz und eine Seele“ war (Apg 4,32).

Die Eins ist Gottes Zahl. Es gibt nur einen Gott, sagen Juden, Christen und Moslems in schöner, ansonsten aber eher seltener Eintracht. Doch wer über die Bekenntnisformel hinaus denkt, muß fragen: Wer von Gott als dem Einen spricht, denkt er damit nicht zugleich einen oder mehrere andere – wenigstens hypothetische – Götter mit? Wo nur Eines ist, wie kann da von Einem gesprochen werden? Da melden sich nicht nur die Fundamentalisten: Gott ist Einer, und das bedeutet, daß es einen ebenbürtigen Zweiten, einen Gegenspieler, ein negatives Prinzip oder wie auch immer nicht gibt. Der Ein-Gott-Glaube ist stark und stringent in seiner Aussage und Lehre. Der Mehr-Gott- oder Viel-Gott-Glaube erscheint dagegen „menschlicher“, er ähnelt mehr der verwirrenden Vielfalt des Lebens, aber er ist auch unverbindlicher. Wo die Eins verlassen wird, ist bald nicht nur die Zwei möglich, sondern schnell auch das Viele und die Vielen. Da fasziniert dann wieder die Ausrichtung auf das Eine, auf den Einen, wie die Monotheisten sagen. Paulus hat das in seinem Brief an die Gemeinde von Ephesus als Aufruf zur Einheit formuliert: „Ein Leib und ein Geist, wie euch durch eure Berufung auch eine gemeinsame Hoffnung gegeben ist; ein Herr, ein Glaube, eine Taufe, ein Gott und Vater aller, der

über allem und durch alles und in allem ist“ (Eph 4,4-6).
Der Mensch sehnt sich nach Ganzheit in aller Zerfahrenheit, Zersplitterung und Zerstreuung, die er täglich erfährt. Es ist nicht nur die Frage nach dem einen Prinzip, ob Monotheismus oder Monade – es geht um die innere Einheit und den inneren Frieden, den wir Menschen uns wünschen. Dann können wir auch „wie eine Eins dastehen“. Das ist zumindest ein Symbol für das, was wir sein wollen. Im Enneagramm ist die Eins der Mensch, der immer Recht hat und versucht, vollkommen zu sein, auch das ein Ausdruck für das Dastehen wie eine Eins.

2 Spaltung – Entfaltung – Begegnung

Die Zwei relativiert die Eins, das Einzige und Ganze. „Ent-Zwei-Ung“ geschieht, erstmals gibt es ein Gegenüber und damit Polarität. Zwei, das bedeutet Anderssein, Abgrenzung, Zwist, Zwilling, Zwitter, Zweifel, Zwiespalt und Zwietracht – alles Wörter, die mit der Zwei gebildet sind. Wo zwei sind, da ist erstmals Dialog möglich, da wird Einsamkeit überwunden. Aber es kommt auch zu Widerspruch und Streit, zur Entzweiung eben. Dieses neue Phänomen schließt Analyse ein, eine tiefere Form der Auseinandersetzung mit dem anderen. Für den Menschen bedeutet die Zwei: Er ist keine Monade, sondern kann in Beziehung treten zu einem anderen.
Die Zwei ist die Urform des Konfliktes und fordert damit zur Entscheidung heraus; denn sobald es die Zwei gibt – und wenn mit dem Mehr als der Eins einmal das Prinzip des Einzigen gebrochen ist, dann kann es ja auch die Drei, die Vier und die vielen geben –, gibt es den Wettbewerb, den Rang-

streit, den Kampf um den ersten Platz und welche Formen die Auseinandersetzung der vielen noch annehmen kann. Die Zwei hat zum Dualismus geführt, zur Vorstellung, daß es im Grunde überall den Gegensatz von zwei unterschiedlichen und gegeneinander stehenden Prinzipien gebe: ein Gut und ein Böse, ein Schwarz und ein Weiß, ein Richtig und ein Falsch, einen Gott und einen Widersacher oder Gegenspieler.

Auseinandersetzung bedeutet grundsätzlich etwas Positives, etwa im Dialog und im Du, in der Offenheit für die Vielfalt. Der griechische Philosoph Aristophanes vertrat die Auffassung, der Mensch sei ursprünglich wie eine Kugel gewesen, dann aber in Mann und Frau gespalten worden und strebe seither nach der verlorenen Einheit zurück, indem er die Zweisamkeit suche. Die Vorstellung von der gegenseitigen Ergänzung des Unterschiedlichen, von der Zweisamkeit und Polarität, hat in China zur Herausbildung der Lehre vom yin und yang geführt, den beiden ineinander verschlungenen Gestalten, die zusammen den Kreis bilden, das Idealbild, die aber auch gedeutet werden als Kräfte des Aktiven und Passiven, des Männlichen und Weiblichen, von Feuer und Wasser, Tag und Nacht, Licht und Dunkel, Gut und Böse.

Das Christentum steht dem Dualismus kritisch gegenüber, was mit dem Monotheismus als solchem zusammenhängt. Die Zwei steht für alles, was nicht Gott oder außerhalb Gottes, des Einen, ist. Die Zwei ist somit Symbol für die Schöpfung, das Nicht-Gott-Sein, stellt aber kein ebenbürtiges Gegenüber und -prinzip dar. Der Teufel ist nicht der Gegengott, sondern gefallenes Geschöpf. Alles geht von Gott, dem einzigen Ungeschaffenen aus, wie der biblische Schöpfungsbericht bei der Scheidung von Himmel und Erde (genannt: Oben und Unten), von Licht und Finsternis zeigt (vgl. Gen 1).

Nach dem Zeugnis der Bibel wurden Mose auf dem Berg zwei Gesetzestafeln gegeben, mit denen das Verhältnis des Menschen zu Gott und zu den Menschen geregelt wird (vgl. Ex 31,18). Zwei Zeugen sind erforderlich, um eine Sache zu beweisen (vgl. Dtn 19,15). Zwei Wege bieten sich dem Menschen an (vgl. Ps 1). Die Zwei ist aber auch in der Bibel nicht nur Ausdruck der Unterscheidung, sondern der Ergänzung, der größeren Fülle an Wirklichkeit. Das zeigt sich im Hauptgebot der Gottes- und der Nächstenliebe, das eines ist (vgl. Mk 12,29-31), oder in den beiden ungleichen Schwestern Marta und Maria (vgl. Lk 10,38-42).

Der Mensch erfährt die Zwei als beglückend und bereichernd im Dialog und persönlicher noch im Du, das sein Ich ergänzt und ihm in der Liebe ermöglicht, sich zu überschreiten. Zwei steht also nicht nur für Entzweiung, sondern auch für Vereinigung. Welches Element dabei wohl das stärkere ist, läßt sich ahnen, wenn man bedenkt, daß in den meisten Kulturen die Zwei als feminin gilt. Im Enneagramm ist die Zwei die Inkarnation der Hilfsbereitschaft, ein Mensch, der viel Bestätigung braucht und nicht zuletzt deshalb Gutes tut. Der Mensch erfährt aber auch sich selbst als Zwei, als ein symmetrisch angelegtes Wesen mit zwei Armen und zwei Beinen, zwei Händen und zwei Füßen, zwei Augen und zwei Ohren, bis hin zu den zwei unterschiedlichen Gehirnhälften. So wird die Zwei zum Symbol für den Menschen, der alle Spaltungsmöglichkeiten in sich zur Einheit und Identität zusammenführen soll.

3 Synthese

Ist mit der Zwei die Einzigartigkeit der Eins überwunden, so bildet die Drei die Synthese als Lösung dieser Antithese. Unsere Welt erfahren wir als dreidimensional; fehlt eine Dimension, dann ist die Wirklichkeit verkürzt. Die Drei ist die erste Zahl, die Anfang, Mitte und Ende hat.
In vielen Religionen gilt die Drei als Inbegriff der Vollkommenheit und ist deshalb eine heilige Zahl; so auch im Christentum und da vor allem in der Lehre von der Dreifaltigkeit Gottes, von den drei Personen, womit im Altertum allerdings gerade nicht das verstanden wurde, was wir heute mit Person und Persönlichkeit meinen, sondern: die Maske, die im Theater für eine bestimmte Person oder die Verkörperung einer Rolle steht. Das christliche Trinitätsverständnis ist immer wieder falsch verstanden worden, bis heute, und so muß das Christentum sich den Vorwurf gefallen lassen, doch keine monotheistische Religion zu sein.

Wird die Zwei als feminin angesehen, so gilt die Drei als maskulin. In den menschlichen Beziehungen steht die Drei für die Urform der Familie mit Vater, Mutter und Kind; auch das ein Bild der Ganzheit. In der Geometrie bildet das Dreieck eine Urform, so wie die Eins im Punkt und die Zwei in der Linie dargestellt wird.
Anschaulich wird die umfassende Bedeutung der Drei in Sagen und Märchen: Da gibt es drei Wünsche, drei Tage oder drei Nächte, die vergehen müssen, ehe etwas geschieht, wie etwa beim Traum der Hofbeamten des Pharao, den Josef von Ägypten deutet und der nach drei Tagen in Erfüllung geht (vgl. Gen 40,10-19).
Die Drei spielt eine große Rolle in den Heiligen Schriften der Religionen. Beim alttestamentlichen

Propheten Hosea heißt es: „Er wird uns beleben nach zwei Tagen und am dritten Tag uns aufrichten“ (Hos 6,2). Jona war drei Tage im Bauch des Fisches (vgl. Jon 2,1), was als Sinnbild für Jesu Tod und seine dreitägige Grabesruhe gedeutet wurde (vgl. Mt 12,40).

Was bedeutsam ist und wirken soll, geschieht oft dreifach: Der dreifache Fluch auf Kanaan (vgl. Gen 9,25-27), der dreifache Segen der Israeliten (vgl. Num 6,24-26; 24,10), das dreifache Lob und Gebet (vgl. Jes 6,3), beispielsweise das Gebet Jesu am Ölberg (vgl. Mt 26,44) oder die dreifache Bitte des Paulus, der Satan möge von ihm ablassen (vgl. 2 Kor 12,8). Die dreimalige Wiederholung bedeutet eine Betonung, so bei des Pilatus Frage, warum er Jesus kreuzigen lassen solle (vgl. Lk 23,22), und bei der Frage des auferstandenen Jesus an Petrus: „Liebst du mich, Simon?“ (Joh 21,17).

Treten drei Personen auf, so ist das ebenfalls ein Zeichen von Wichtigkeit: Noach hatte drei Söhne: Sem, Cham und Japhet, die zu Vätern ganzer Völker wurden (vgl. Gen 9,18). Die drei Männer, die Abraham aufsuchten, versinnbilden Gott selbst (vgl. Gen 18,2). Die drei Männer im Feuerofen bezeugen das Erbarmen und die Macht Gottes (vgl. Dan 3). Drei Magier kommen, um im Kind Jesus den neugeborenen König der Juden zu verehren (vgl. Mt 2). Drei Jünger sind Zeugen der Verklärung Jesu (vgl. Mt 17,1). Drei Frauen mit Namen Maria stehen unter dem Kreuz Jesu (vgl. Joh 19,25). Und Jesus macht von sich selbst eine dreifach Ausssage: „Ich bin der Weg und die Wahrheit und das Leben“ (Joh 14,6).

Ein ursprüngliches Gespür dafür, daß die Drei eine gute Zahl ist und Sinnbild der Vollkommenheit, findet sich in Wörtern wie: „Aller guten Dinge sind drei“, aber auch in der Aufforderung: „Dreimal dürfen Sie raten!“ Nicht lange raten lassen einen die Menschen, die nach dem Enneagramm eine Drei sind: Sie sind die Erfolgreichen, die Tüchtigen, die begeistern können, Leichtigkeit ausstrahlen und von einer überaus gesunden Gefühlswelt sind.

4 Ordnung

Die Vier ist die Zahl der Ordnung und idealen Anordnung der Dinge. Nach dem Dreieck als der Urform der Fläche, wie sie sich mit einfachsten Mitteln zeichnen läßt, ist das Quadrat die Idealform, das Muster und der Plan, nach dem die Menschen seit frühen Zeiten gesiedelt haben. Das alte Rom hatte einen quadratischen Grundriß, und schon den Kelten galt die Welt als Quadrat. Über diese geometrische Form hinaus gilt die Vier auch in anderem Sinn als Urform der Welt: Das klassische Altertum kannte vier Elemente, aus denen alles zusammengesetzt ist: Erde, Wasser, Feuer und Luft. China kennt dagegen fünf Elemente, wie bei der Fünf gezeigt werden wird. Das alte Weltbild geht von vier Weltteilen aus; das war vor der Entdeckung Australiens. Zu unserer Orientierung haben wir vier Himmelsrichtungen, den Norden und Süden, den Westen und Osten. Nach dieser Aufteilung, die dann noch einmal in 360 Grade beim Kompass differenziert wird, orientieren wir uns heute noch, trotz aller modernen und genaueren Mittel.
Das biblische Weltbild folgt wie die altorientalischen Kulturen der Ordnung der Vier. So heißt es über das Paradies, den Garten, den Gott für den Menschen angelegt hat: „Ein Strom entspringt in Eden, der den Garten bewässert; dort teilt er sich und wird zu vier Hauptflüssen“ (Gen 2,10). In der Bildrede vom toten Gebein, in das Leben zurück-

kehrt, heißt es beim Propheten Ezechiel: „Geist, komm herbei von den vier Winden! Hauch diese Erschlagenen an, damit sie lebendig werden" (Ez 37,9), ein Bild, das Jesus in der Rede über die Endzeit aufgreift, wenn er sagt: „Und er wird die Engel aussenden und die von ihm Auserwählten aus allen vier Windrichtungen zusammenführen, vom Ende der Erde bis zum Ende des Himmels" (Mk 13,27). Nach der Apokalypse stehen vier Engel an den vier Enden der Erde (vgl. Offb 7,1). Die vier Reiter in diesem biblischen Buch, inspiriert vom alttestamentlichen Propheten Sacharja (vgl. Sach 1 und 6), symbolisieren die vier Plagen, die über die Welt kommen (vgl. Offb 6). Die vier Wesen – Löwe, Stier, Mensch und Adler (vgl. Offb 4,7) – spielen in der christlichen Ikonographie eine große Rolle als Symbole der vier Evangelisten Markus, Lukas, Matthäus und Johannes.

Auch in der Dimension der Zeit hat die Vier eine wichtige Bedeutung: Im alten Orient herrschte die Vorstellung vor von vier Weltzeitaltern, die entsprechend den vier Jahreszeiten charakterisiert wurden. Sie umfassen das Gesamt der Geschichte und münden nach dem Selbstverständnis Israels in das messianische Zeitalter (vgl. Dtn 7). Die vier Jahreszeiten symbolisieren nicht nur die Ordnung der Natur im Werden und Vergehen; sie sind auch Sinnbild für den Lebensweg des Menschen von Geburt und Jugend, zu voller Kraft in der Reife, über Alter und Lebensherbst schließlich zu Sterben und Tod. Auch im Bereich der Wissenschaften spielte die Vier eine wichtige Rolle. Im Mittelalter kannte man die vier klassischen Fakultäten: Philosophie, Theologie, Jurisprudenz und Medizin.

Das anschaulichste Bild für die Vier ist neben dem Quadrat das Kreuz als Einbindung und Verbindung der vier Richtungen, die in einem gemeinsa-

men Mittelpunkt zusammenlaufen, mögen sie auch noch so unterschiedlich oder gegensätzlich sein und auseinanderstreben. Im Christentum erhielt das Kreuz als Heilszeichen und Symbol der weltumgreifenden Macht Christi eine neue Deutung. So wie das Kreuz als Bild die ganze Welt umspannt und einbindet, so hat Christus die ganze Welt erlöst. Deshalb wurde das Kreuz schon bald zum Grundriß für viele Kirchen.
Im Aberglauben spielt die Vier eigenartigerweise kaum eine Rolle, wenn man von der glückbringenden Kraft des vierblättrigen Kleeblattes einmal absieht.
Die Vier steht im Enneagramm für Menschen, die nicht wie die anderen sind oder sein wollen, sondern denen es wichtig ist, anders zu sein, sich abzuheben von der Gewöhnlichkeit, sich zu unterscheiden.
Der Sprachgebrauch kennt das Bild „Alle viere von sich strecken" als Umschreibung von Entspannung, aber auch von Hilf- und Widerstandslosigkeit. Auf seinen „vier Buchstaben" sitzt man. Wie wichtig die Vier im praktischen Leben ist, daran wird der Mensch immer erinnert, wenn er seine vier Gliedmaßen gebraucht und die vier Finger einer Hand.

5 Vereinigung

Die Fünf ist die ungerade, die „unordentliche" Zahl nach der Vier für die Ordnung und der Drei als Ausdruck der großen Weltsynthese. Die Fünf symbolisiert aber auch die Vereinigung von Weiblich und Männlich, die Summe der Zwei und der Drei. So ist die Fünf die erste Zahl aus Gerade und Ungerade, und sie gilt als Zahl der Liebe und des Eros. Diese verschiedenen Grundbedeutungen weisen die Fünf bereits als heilige Zahl aus. Sie ist die Zahl der Venus; und entsprechend hat der Venustempel in Baalbeck einen fünfeckigen Grundriß. Die Fünf wird aber auch gemessen an ihrer Vorgängerin, der Vier, deren Ordnung sie nicht gleichkommt; ja die Fünf gilt von der Vier her als Störung der Ordnung und als Durcheinander. Sie symbolisiert die Unart, das Mehr oder Überflüssige über den Kosmos, d.i. die ideale und vollkommene Ordnung, hinaus. Doch von hier aus ergibt sich auch wieder eine Verbindung zur Liebe, die gerne die Ordnung durcheinander bringt und sich nicht immer daran hält, was recht und schicklich, was „in Ordnung" ist.

Die Fünf steht für das wichtigste, vielseitigste und geschickteste Instrument des Menschen: die Hand. Es sind nicht nur die vier Finger – wie bei der Vier beschrieben – und die eigene Zuordnung des Daumens, die es dem Menschen erlaubt hat, eine äußerst erfolgreiche Technologie zu entwickeln; die Hand ist auch die erste Rechenmaschine des Menschen. Gebraucht er beide Hände, dann hat er das Dezimalsystem „zur Hand". Zu dieser praktischen Seite gehören auch die fünf Sinne des Menschen, die ihm eine umfassende Orientierung erlauben.

Die Astronomie des Altertums kannte fünf Planeten. Nach traditioneller chinesischer Weltanschauung gibt es fünf Elemente – im Unterschied zur westlichen Auffassung von vier Elementen –, nämlich: Erde, Wasser, Feuer, Metall und Holz. Im Manichäismus gilt die Fünf als eine der Hauptzahlen, abgeleitet von der Vorstellung von fünf Lichtelementen (Äther, Wind, Wasser, Licht und Feuer). Die alte Tonleiter bestand aus fünf Tönen, die unserer Oktave ohne achten Ton als Wiederholung des ersten Tones und ohne Quint und Septime entsprechen.

Den ersten Teil der Heiligen Schrift des Judentums bildet der Pentateuch, die Fünf Bücher Mose, auch Tora genannt. Im Neuen Testament spielt die Fünf nur eine untergeordnete Rolle. Die Evangelien kennen fünf Marien: die Mutter Jesu, die Mutter des Jakobus, die Schwester des Lazarus, die Sünderin und Maria von Magdala. In der Leidensgeschichte hören wir von den fünf Wunden Jesu, die in der Frömmigkeitsgeschichte später eine große Rolle spielten. Bei der wunderbaren Brotvermehrung hat Jesus die Fünftausend gespeist, ein Symbol für die Eucharistie (vgl. Mt 14,15-21). Zu den anschaulichsten Gleichnissen gehört die Geschichte von den fünf klugen und den fünf törichten Jungfrauen (vgl. Mt 25,1-13).
Im Islam gibt die Fünf die Zahl der täglich zu verrichtenden Gebete an. Heute ist vielen vor allem die Fünf-Tage-Woche im Berufsleben wichtig. In der Geometrie spielt die Fünf eine Rolle als Schnittpunkt des vierarmigen Kreuzes.
Im Enneagramm steht die Fünf für einen Kopfmenschen, der durchblickt und mit seiner Weisheit Distanz und Nüchternheit verbindet, ein Mensch, dem es um Objektivität zu tun ist.
Als Verkörperung der Einheit von feminin und maskulin – wie erwähnt – symbolisiert die Fünf andererseits einen liebenden Menschen mit praktischem Hausverstand (die Hand), der nicht unbedingt ein Ordnungsfanatiker (vier) ist.

6 Vollkommenheit

Als Summe und ebenso als Produkt der drei ersten Zahlen Eins, Zwei und Drei gilt die Sechs als Zahl der Vollkommenheit; allerdings einer begrenzten Vollkommenheit, einer Vollkommenheit im kleinen Stil, denn die Sechs macht gerade ein halbes Dutzend aus. Obwohl aus drei Zahlen zusammengesetzt, gilt die Sechs noch als eine der Grundzahlen, auf denen wieder andere aufbauen oder von denen sie sich ableiten. Vollkommenheit drückt die Sechs auch aus als Produkt der weiblichen Zwei und der männlichen Drei. Sie symbolisiert damit den erfüllten Menschen ebenso wie die Erfüllung des Menschen in der geschlechtlichen Vereinigung.

Die Sechs kehrt wieder im Kubus, dem sechsseitigen Würfel; auch er ein Symbol der Vollkommenheit. Ist der Würfel wirklich nur Idealkörper oder nicht auch Symbol des Eingeschlossenseins, des Gefängnisses? Ein anderes Idealbild stellt der sechseckige Stern dar, der aus zwei ineinander geschobenen Dreiecken besteht. Die Sechs ist ein halbes Dutzend und ein halber Tierkreis und damit auch ein halbes Jahr. Die sechseckige Bienenwabe, eine Erfindung der Natur, gilt als Zeichen der Harmonie.

In der Bibel spielt die Sechs eine grundlegende Rolle: An sechs Tagen hat Gott Himmel und Erde geschaffen, und nach den sechs Tagen ruhte er aus (vgl. Gen 1,1-2,4). Von daher hat nicht nur das Alte sondern auch das Neue Testament und die christliche Welt bis in unsere Zeit die Woche von sechs Arbeitstagen und dem geheiligten Ruhetag entwickelt und geachtet. Alle Änderungen, die gelegentlich diskutiert werden, stellen das gesunde und bewährte Grundprinzip dieser Ordnung doch nicht wirklich in Frage. Neben der Ordnung der Tage kennt das Alte Testament auch in der Ordnung der Jahre das Prinzip der Sechs: Nach sechs Jahren der Aussaat und Ernte soll ein Sabbatjahr folgen (vgl. Ex 23,10f). Daß auch der Mensch ein Sabbatjahr braucht – allerdings meist erst nach einem Vielfachen der Sechs an Jahren daran denkt –, erkennt er in unserer Zeit immer deutlicher.

Die guten Werke zu tun – auch ihrer sind sechs! – ist immer Zeit. Jesus spricht davon in seiner Rede vom Weltgericht (vgl. Mt 25,31-46).
Im Enneagramm steht die Sechs für den Pflichtmenschen – auch das eine Form der Vollkommenheit –, der penibel, exakt aber nicht unbedingt engagiert oder gar kreativ tut, was ihm aufgetragen ist. Die Sechs steht hier für ein starkes Bedürfnis nach Sicherheit, wiederum eine Form der Vollkommenheit.
Die Sechs steht unter der Sieben – rein zahlenmäßig, aber auch der Bedeutung nach –, auch die Sieben eine Zahl der Vollkommenheit. So muß die Sechs damit leben, daß ihr bei aller eigenen Größe und Vollendung doch Eines fehlt.

7 Struktur und Weisheit

Die Sieben ist eine Zahl mit vielfältiger Symbolik: Sie hat mit Wissen und Weisheit zu tun, und sie ist eine Grundzahl von Strukturen. In der Astrologie sind diese beiden Aspekte miteinander verbunden. Die meisten der in der Folge angeführten Bedeutungen stammen aus dem vorderasiatischen – und damit dem biblischen – Raum; manche finden sich aber ebenso oder ähnlich in Ostasien. Als Summe der Drei und der Vier verbindet die Sieben die Synthese mit der Ordnung und gilt deshalb als heilig. Die Sieben strukturiert das Leben, denken wir nur an den Sieben-Tage-Rhythmus der Woche, der allen Änderungsversuchen von der Französischen bis zur bolschwestischen Revolution widerstanden hat. Die Sieben gilt zudem als eine der Grundzahlen der Magie. Rom wurde auf sieben Hügeln erbaut, und sieben Weltwunder kannte die Antike. Die Musik kennt die Folge von sieben Tönen; in der Oktave kehrt

der erste Ton wieder. Das Mittelalter kannte sieben freie Künste und Wissenschaften: Grammatik, Dialektik, Rhetorik, Geometrie, Arithmetik, Astronomie und Musik. Stellvertretend für die vielen Sagen und Märchen, in denen die Sieben eine Rolle spielt, sei nur „Schneewittchen und die sieben Zwerge“ genannt. Die Siebenmeilenstiefel lassen einen schneller laufen als den Riesen.
Im Alten Orient ebenso wie im Alten und Neuen Testament begegnet uns die Sieben als Symbol für ein geschlossenes Ganzes und für Vollkommenheit, ein Zeichen göttlicher Struktur. Das Schöpfungswerk umfaßt - einschließlich der Ruhe Gottes – sieben Tage (vgl. Gen 1,1-2,4). Der Sabbat ist der siebte und heilige Tag (vgl. Ex 20,10); jedes siebte Jahr war ein Sabbatjahr, in dem die Felder brach zu liegen hatten (vgl. Ex 23,11). Die Sieben ist überhaupt die Grundzahl des jüdischen Festkalenders. Die Menora, der siebenarmige Leuchter, ist ein weiteres Beispiel für die religiöse Bedeutung der Sieben. Im Buch der Sprichwörter ist die Rede von den sieben Säulen der Weisheit (vgl. Spr 9,1), aber auch von den sieben Greueln: „Sechs Dinge sind dem Herrn verhaßt, sieben sind ihm ein Greuel: Stolze Augen, eine falsche Zunge, Hände, die unschuldiges Blut vergießen, ein Herz, das finstere Pläne hegt, Füße, die schnell dem Bösen nachlaufen, ein falscher Zeuge, der Lügen zuflüstert, und wer Streit entfacht unter Brüdern“ (Spr 6,16-19). In der Josefsgeschichte erfahren wir von den sieben fetten und den sieben mageren Kühen, die der Pharao im Traum sieht und die Josef ihm deutet als sieben fette und sieben magere Jahre, die Ägypten zu erwarten hat (vgl. Gen 41,26) – ein Zeichen, daß die Sieben durchaus ambivalent und nicht nur positiv verstanden werden muß. Siebenmal am Tag soll der Gläubige Gott anrufen (vgl. Ps 119,164). Nach

diesem Wort haben die Mönche seit frühester Zeit ihr Chorgebet geordnet mit den Gebetszeiten Matutin in der Nacht und Laudes, Prim, Terz, Sext, Non, Vesper und Komplet vom frühen Morgen bis zum Abend. Nach einem Psalmwort sind Gottes Worte der Inbegriff der Reinheit, denn sie sind siebenmal geläutert" (Ps 12,7).

Schon im Alten Testament ist die Rede von den sieben Gaben des Geistes Gottes: der Geist der Weisheit und der Einsicht, des Rates und der Stärke, der Erkenntnis, der Furcht des Herrn und der Frömmigkeit (vgl. Jes 11,2). Siebenfach ist die Vergeltung (vgl. Gen 4,15; Ps 79,12; Spr 6,31) – aber siebenfach ist auch die Vergebung! (vgl. Mt 18,21), ja siebenundsiebzigmal (ebd. V. 22). Die Kirche führt sieben Sakramente auf Jesu Wirken und Absicht zurück. Dem Johannesevangelium ist die Sieben besonders heilig: Es berichtet von sieben Wundern Jesu und von sieben „Ich-bin"-Worten des Herrn. Sieben Worte Jesu am Kreuz sind uns in den Evangelien überliefert. In der nachösterlichen Gemeinde wurden sieben Diakone zum Dienst an den Tischen ausgewählt (vgl. Apg 6,1-7).
Besonders häufig findet sich die Sieben in der Apokalypse. Der Seher wendet sich zuerst an sieben Gemeinden in der Provinz Asien (vgl. Offb 1-3). Von sieben Siegeln und sieben Engeln ist die Rede (vgl. Offb 6 und 8), von sieben Posaunen (vgl. Offb 8,1-11,19), von sieben Plagen und sieben Schalen des Zornes (vgl. Offb 15,5-16,21), von sieben Donnern (vgl. Offb 10,4), vom Drachen mit den sieben Köpfen (vgl. Offb 12,3) und von den sieben lodernden Fackeln, „das sind die sieben Geister Gottes" (Offb 4,5).
Die Frömmigkeitsgeschichte kennt die sieben Freuden und sieben Schmerzen Marias. Sie kennt

aber auch sieben Hauptsünden, nämlich Hoffahrt, Neid, Zorn, Geiz, Unkeuschheit, Trägheit und Unmäßigkeit. Dem gegenüberstehen die vier Kardinaltugenden der Antike: Klugheit, Tapferkeit, Maß und Gerechtigkeit, die im Mittelalter durch die drei göttlichen Tugenden zu einer heiligen Sieben ergänzt wurden, nämlich durch Glaube, Hoffnung und Liebe.
Siebener sind nach dem Enneagramm die glücklichen – oder sollte man besser sagen: die glückhaften – Menschen, die Freude und Optimismus ausstrahlen, charmant sind, phantasiebegabt, aber auch etwas verspielt. Das ist nicht ganz die Weisheit und Lebensstruktur, die sonst durch die Sieben symbolisiert wird.
Ein wenig ahnen wir auch heute noch im Sprachgebrauch von der Symbolik der Sieben, in der sich Struktur und Weisheit ausdrücken, so wenn wir von unseren „sieben Sachen" sprechen und das meinen, was wir brauchen und bei uns haben sollten; oder wenn wir den Zustand höchsten Wohlbefindens umschreiben als das Gefühl, im „siebten Himmel" zu sein.

8 Glück

Bereits in der Antike und auch im Osten galt und gilt die Acht als Glückszahl. Dafür gibt es mehrere Erklärungen. Die Acht ist eine doppelte Vier, und diese gilt als Zahl der Ordnung, weil ihr das Quadrat zugrunde liegt. Zum anderen ist die Acht mehr als die Sieben, das Symbol der Weisheit und idealen Struktur. Wer diese überschreitet, der muß schon Glück haben oder in einer anderen Dimension bzw. Sphäre leben. Die Acht beinhaltet nicht nur zweimal die Vier, sie ist auch die Zwei hoch drei und damit die erste Kubikzahl.

Als doppelte Vier ist die Acht das Maß der Windrose und die Aufgliederung der vier Himmelsrichtungen für die Praxis der Navigation. Die Germanen kannten seit altersher das Jahresrad mit acht Speichen, das im Mittelalter dann mit der Göttin Fortuna als Glücksrad abgebildet wurde. In der Architektur war die Acht ein beliebtes Ordnungsprinzip in Weiterentwicklung des ursprünglichen Quadrates, das für viele antike Städte wie etwa Rom das Grundmuster bildete. Zu der geometrischen Form kamen aber auch noch andere Gründe für die Bevorzugung des Achtecks hinzu, wie noch aufgezeigt werden wird. Die Acht gilt auch als „runde Zahl", vor allem nach oben aufrundend, etwa wenn man von einer Woche als von acht Tagen spricht.
In Babylon galt die Acht als Zahl der Gottheit, von der man glaubte, sie lebe im achten Stock des Tempels. In China gehört die Acht ebenfalls zu den heiligen Zahlen. Die acht Sinnbilder des Buddhismus zeigen den achtgliedrigen Pfad im Kreislauf der Wiedergeburten bis hin zum Nirvana. Die acht Schritte sind: Rechte Ansicht, rechtes Entschließen, rechtes Reden, rechtes Handeln, rechte Lebensweise, rechtes Streben, rechte Achtsamkeit und rechte Sammlung. Der Konfuzianismus kennt acht Kostbarkeiten. Hier wie in Germanien ist die Aufteilung der Vier als Zahl der Himmelsrichtungen zur Acht der Winde und der Windrose bekannt. Der Islam kennt sieben Höllen; doch die Zahl der Paradiese, deren es acht gibt, übersteigt diese, ein Zeichen der Hoffnung, daß am Ende nicht die Verdammnis, sondern durch Gottes Erbarmen die Erlösung dem Menschen beschieden sein wird.

Nach dem Zeugnis des Buches Genesis wurden acht Menschen in der Arche gerettet, nämlich

Noach mit seiner Frau und seine drei Söhne mit ihren Frauen (vgl. Gen 6,18). Diese Zahl wird im Neuen Testament aufgegriffen und gedeutet: „In der Arche wurden nur wenige, nämlich acht Menschen, durch das Wasser gerettet. Dem entspricht die Taufe, die euch jetzt rettet. Sie dient nicht dazu, den Körper von Schmutz zu reinigen, sondern sie ist eine Bitte an Gott um ein reines Gewissen aufgrund der Auferstehung Jesu Christi, der in den Himmel gegangen ist; dort ist er zur Rechten Gottes, und Engel, Gewalten und Mächte sind ihm unterworfen" (1 Petr 3,20-22). Die Acht wird hier zum Symbol der Auferstehung, der Rettung und Wiedergeburt. Diese Symbolik wurde noch verstärkt dadurch, daß Jesus am achten Tag, dem Tag nach dem Sabbat oder am ersten Tag der neuen Woche, auferstanden ist.

Am achten Tag wurde herkömmlicherweise bei den Juden die Beschneidung vorgenommen (vgl. Gen 17,12; Lev 12,3), ein Zeichen der Reinheit. Die Vorstellung von der Acht als Symbol der Reinheit ist übergegangen ins Christentum und hat sich dort mit der bereits erwähnten Symbolik des Achtecks verbunden. So kam es dazu, daß immer mehr Taufkapellen nach einem oktogonalen Grundriß gebaut wurden. Auch bei der Tempelreinigung spielte die Acht eine Rolle, denn dazu wurden acht Tage benötigt.

Im Neuen Testament spielt die Acht neben der bereits behandelten Auferstehungssymbolik eine Rolle bei den acht Seligpreisungen Jesu in der Bergpredigt: „Selig, die arm sind vor Gott. Selig die Trauernden. Selig, die keine Gewalt anwenden. Selig, die hungern und dürsten nach der Gerechtigkeit. Selig die Barmherzigen. Selig, die ein reines Herz haben. Selig, die Frieden stiften. Selig, die um der Gerechtigkeit willen verfolgt werden" (Mt 5,3-10).

Die Acht ist nach dem Enneagramm der Typ des Starken, der es – oft nur schmerzlich – gelernt hat, sich durchzusetzen. Der Acht ist die Macht wichtig, denn sie hat die Erfahrung gemacht, daß das Leben bedrohlich ist und man sich am besten selbst verteidigt. Zugleich ist die Acht aber hilfsbereit dem Schwachen gegenüber, wohl auch deshalb, weil er ihr nicht gefährlich werden kann.
Unser Zeichen für Unendlichkeit ist die liegende Acht, in sich selbst verschlungen, ohne erkennbaren Anfang und Ende.

9 Vollendete Synthese

Ist die Drei Symbol der Synthese, konkretisiert im dreidimensionalen Raum, so kann man die Neun bezeichnen als die potenzierte oder vollendete Synthese. Zugleich ist die Neun die nächste Zahl zu einer anderen, die als Symbol der Vollkommenheit gilt: die Zehn, Grundlage unseres Dezimalsystems, das sich als äußerst praktisch erwiesen und immer mehr durchgesetzt hat, so daß andere Systeme fast in Vergessenheit geraten sind. Vom Zusammenhang zwischen der Neun und der Zehn spricht bereits die alttestamentliche Weisheitsliteratur, wo es heißt: „Neun, die ich im Sinn habe, preise ich, zehn führe ich rühmend im Mund“ (Sir 25,7).
In der christlichen Tradition gibt es die Vorstellung von neun Ordnungen der Engel, auch dies ein Sinnbild der Vollkommenheit und Vollendung. Herodot hat seine Werke gemäß den neun Musen in neun Teile gegliedert. In China gilt die Neun als himmlische Zahl, sowohl für die Ordnung im Himmel als auch für alles, was auf Erden mit dem Himmel in Verbindung stehen oder treten will. Dabei verwendete man das magische

Quadrat aus der Drei, etwa bei der Anlage des alten Beijing (Peking). Bei den Kelten war die Neun ein wichtiges Maß, so bei der Bestimmung von Abständen, die neun Fuß betragen mußten. Das galt beispielsweise für den Sicherheitsabstand zwischen Haus und offenem Feuer. Die Neun kommt häufig auch in keltischen Sagen und Märchen vor und bis heute in Sprichwörtern und im Sprachgebrauch. Da sagt man, eine Katze habe neun Leben, und kennt zugleich die neunschwänzige Katze als gefährliche Peitsche. Zur Heilung mancher Krankheiten braucht man neun Kräuter, und an wundertätigen Orten hat man gerne neun Kirchen oder Kapellen errichtet. Bis heute gibt es die Pacht auf 99 Jahre; ein Zeichen, daß man sich nicht „für immer" festlegen will?
Der Mensch wird nach neunmonatiger Schwangerschaft geboren; auch darin wird ein Bild für seine Besonderheit und herausgehobene Stellung in der Schöpfung gesehen. Damit zusammenhängen dürfte, daß in einigen Sprachen „neun" mit dem Wortstamm für „neu" zusammenhängt, so neben dem Deutschen im Englischen („new") und im Französischen („neuf").
Nach dem Zeugnis der Bibel dauerte die Finsternis beim Tod Jesu von der sechsten bis zur neunten Stunde (vgl. Mk 15,33); in der neunten Stunde schrie Jesus auf und verschied (ebd. V. 34). Zum Gedächtnis an dieses Geschehen wurde später die Gebetszeit der „None" eingeführt; im Englischen leitet sich davon die Zeitbezeichnung „noon" ab. Im Christentum gilt die Neun als Vollendung der Drei auch als Trinitätssymbol.
Das Enneagramm kennt neun Typen, der letzte davon ist der zufriedene Mensch, der geborene Friedensstifter, dem es vor allem um Harmonie geht. So erhält die Neun über die vollendete Synthese hinaus etwas von der Weisheit. In die-

sem Zusammenhang sei auch die Überlieferung erwähnt, die behauptet, der große Philosoph Plato sei 81 Jahre alt geworden, neunmal neun Jahre also!
Gewonnen hat, wer beim Kegeln „alle Neune“ wirft; das Muster der Kegelaufstellung gilt als ideales Schema. Eine Verwandtschaft wenigstens äußerlicher Art hat die Neun mit der Sechs: Als Ziffer stellt sie diese auf den Kopf.

10 Das runde Ganze

Die Zehn ist die Grundlage des Dezimalsystems, abgeleitet vom lateinischen „decem“. Sie ist keine abstrakte Zahl, sondern bereits im Menschen angelegt: in seinen zehn Fingern, fünf an jeder Hand. Auch arithmetisch ist die Zehn interessant: Sie bildet die Summe der Zahlen Eins bis Vier, was als gleichseitiges Dreieck dargestellt werden kann. Die Zehn läßt sich nicht nur in die zweimal fünf Finger der Hände teilen. Als zweifache Fünf ist sie auch Symbol der Ehe, denn die Fünf steht für Liebe, Eros und Vereinigung, wie bereits dargestellt.
Die Hebräer übernahmen von den Ägyptern das Dezimalsystem. Ein Zeugnis dafür ist die schöne Begebenheit von der Fürsprache Abrahams für Sodom, das Gott vernichten wollte. Es gelingt Abraham, Gott zu überreden, Sodom zu schonen, ob dort nun fünfzig, fünfundvierzig, vierzig, dreißig, zwanzig oder doch nur zehn Gerechte zu finden sind (vgl. Gen 18, 24-33). Von Mesopotamien her ist Israel ebenfalls durch das Dezimalsystem und ein Sechziger-System beeinflußt, wie die Aussage von der hundertfältigen, sechzigfältigen und dreißigfältigen Frucht im biblischen Gleichnis vom Sämann zeigt (vgl. Mt 13,8). In

Rom wurde das Dezimalsystem als Organisationsprinzip bald übernommen, so beim Militär, das einen „Dekan“ für zehn und einen „Centurio“ für hundert Soldaten als Vorgesetzten kannte. Aus diesem Umfeld stammt auch das Wort „dezimieren“, was bedeutet, daß bei einer Meuterei im Heer zur Strafe und Abschreckung jeder zehnte Soldat hingerichtet wurde.

Die Zehn hat die Menschen besonders im Zusammenhang mit dem Lebensalter und seinen Stufen oder Stadien beschäftigt. Es handelt sich dabei um eine Verbindung der Symbolik von Sieben und Zehn:
Das eine Schema, das man Philo von Alexandrien zuschreibt, kennt zehn Lebensstadien des Menschen (konkret des Mannes), von je sieben Jahren Dauer, die jeweils kurz charakterisiert werden:
Die ersten sieben Jahre: die Zeit der endgültigen Zähne.
Die zweiten sieben Jahre:
die Zeit der Geschlechtsreife.
Die dritten sieben Jahre:
das Sprießen des Bartes.
Die vierten sieben Jahre:
die Blütezeit des Lebens.
Die fünften sieben Jahre:
die Zeit der Eheschließung (beim Mann).
Die sechsten sieben Jahre:
die Reifung des Verstandes
Die siebten sieben Jahre:
die Veredlung der Seele durch die Vernunft.
Die achten sieben Jahre:
die Vollendung von Verstand und Vernunft.
Die neunten sieben Jahre:
die Zähmung der Leidenschaften.
Die zehnten sieben Jahre:
die Vorbereitung auf den Tod und das Sterben.

Das andere Schema ist in Versform gefaßt:
„Zehn Jahr – ein Kind,
zwanzig Jahr – ein Jüngling,
dreißig Jahr – ein Mann,
vierzig Jahr – wohl getan,
fünfzig Jahr – stille stahn,
sechzig Jahr – geht's Alter an,
siebzig Jahr – ein Greis,
achtzig Jahr – nimmer weis,
neunzig Jahr – der Kinder Spott,
hundert Jahr – Gnad dir Gott"
(nach O. Betz, 107).

Die Zehn spielt eine große Rolle in der Bibel, zumal die Hebräer bereits das Dezimalsystem kannten und benutzten. Nach dem Buch Genesis umfassen zehn Zeugungen die Reihe der Urväter des Alten Testamentes von Adam bis Noach (vgl. Gen 5; 11,10-26). Somit stellen sie eine vollendete und abgeschlossene Reihe dar. Die Genesis kennt zehn Schöpfungsworte Gottes: „Gott sprach" (vgl. Gen 1). Am Sinai erließ Gott zehn Gebote (vgl. Ex 20,1-17; Dtn 5,6-22). Die negative Seite der Zehn bilden die zehn Plagen, die zur Strafe über Ägypten kommen (vgl. Ex 7,8-10,29). Die Zehn galt als Maßeinheit im Tempel zu Jerusalem (vgl. 1 Kön).
Nach dem Bericht des Matthäusevangeliums hat Jesus zehn Wunder gewirkt (vgl. Mt 8-9), und eines seiner anschaulichsten Gleichnisse ist das von den zehn Jungfrauen, fünf törichten und fünf klugen (vgl. Mt 25,1-13).
Die Zehn spielt aber auch eine wichtige Rolle im Gleichnis von den Talenten, wo einer zu den zehn ihm übertragenen zehn weitere hinzu verdiente (vgl. Mt 25,28). Die römische Ziffer für Zehn = X wurde allgemein verstanden als Hinweis auf das Kreuz Christi. Seit den Zeiten Abrahams und

Melchisedeks gilt „der Zehnte von allem“ als Abgabe oder Steuer für Gott und den Gottesdienst (vgl. Gen 14,20).

11 Zuviel und zuwenig

Die Elf ist nicht mehr die Zehn und noch nicht die Zwölf. Sie steht zwischen zwei „großen“ und mit vielen positiven Deutungen ausgezeichneten Zahlen, ein Bild der Hilflosigkeit? Oder gar der Sünde? So sieht es in Schillers „Piccolomini“ der Astrologe Seni: „Elf ist die Sünde. Elf überschreitet die zehn Gebote.“

Biblisch spielt die Elf keine große Rolle, und wenn, dann nicht unbedingt positiv: Von den zwölf Jüngern Jesu – oft in den Evangelien einfach „die Zwölf“ genannt – fiel einer ab durch Verrat, und übrig blieben die Elf. Wir kennen allerdings auch eine positive Bedeutung wenn schon nicht der Elf direkt und wörtlich, so doch des weniger als zwölf: Wenn wir die Dringlichkeit eines Handelns oder einer Korrektur mit den Worten umschreiben: „Es ist fünf vor zwölf!“ Die Stunde oder wenigstens die letzten Minuten vor Ablauf der Frist gelten als eine Chance unmittelbar vor der Entscheidung.

In der Josefsgeschichte im Alten Testament wird von dem Traum berichtet, den Josef, der Lieblingssohn Jakobs, hatte: „Die Sonne, der Mond und elf Sterne verneigten sich vor mir“, und er mußte sich von seinem Vater vorhalten lassen: „Was soll das, was du da geträumt hast? Sollen wir vielleicht, ich, deine Mutter und deine Brüder, kommen und uns vor dir zur Erde werfen?“ (Gen 37,9-10). In diesem Traum stehen die elf Sterne nicht nur für die elf anderen Söhne Jakobs, sondern die Zahl ergibt sich auch dadurch, daß immer eines der zwölf

Sternbilder hinter der Sonne steht, also verdeckt und deshalb nicht sichtbar ist.
Eine positive Deutung der Elf findet sich im Sport: Elf Mann bilden eine Fußballmannschaft, zehn auf dem Feld, einer im Tor.
Wegen ihres Zwitterdaseins zwischen Zehn und Zwölf gilt die Elf als närrische Zahl und kommt im Karneval zu Ehren. Die Saison beginnt am 11.11. eines jeden Jahres, denn dann übernimmt der Elferrat das Regiment.

12 Der Kreis

Das deutlichste Symbol für die Zwölf ist wohl der Kreis, die Linie, die ihr Ziel erreicht, indem sie sich schließt und zugleich wieder öffnet. Der Kreis wie die Zwölf sind Bilder der Vollkommenheit und der Wiederkehr.
Die Zwölf setzt sich zusammen aus den beiden heiligen Zahlen Fünf (Vereinigung) und Sieben (Struktur und Weisheit). Zugleich ist die Zwölf das Produkt aus Drei und Vier, die Synthese und Ordnung symbolisieren. Deshalb steht die Zwölf auch für Fülle und Vollendung. Eine Zahl, die soviel positive und heilige Elemente in sich birgt, kann kaum noch übertroffen werden.
Die Symbolik der Wiederkehr in schöner Regelmäßigkeit kommt in der Zwölfzahl der Tierkreise und Monate zum Ausdruck. Im Judentum der biblischen Zeit symbolisierte die Zwölf ein wichtiges Alter: die Zeit der Reife und Mündigkeit von Junge und Mädchen, die volle Mitgliedschaft in der Gottesdienstgemeinde durch die Bar Mizwa. Von Jesus wird berichtet, daß er im Alter von zwölf Jahren sich von seinen Eltern entfernt hat anläßlich der Wallfahrt nach Jerusalem und den Lehrern des Volkes Israel im Tempel Fragen stell-

te; seine Eltern verstanden ihn nicht, wie es ausdrücklich im Lukasevangelium heißt (vgl. Lk 2,41-52).
Die Zwölf ist die Grundzahl des Tages und der Nacht. Beiden werden je zwölf Stunden zugemessen, egal ob Sommer oder Winter; und so sind auch die Zifferblätter der Uhren eingeteilt.
Die Zwölf gilt im jüdisch-christlichen Raum als heilige Zahl; ähnlich wie die Sieben kommt sie häufig in der Apokalypse vor. Die zwölf Apostel Jesu werden in den Evangelien oft einfach „die Zwölf" genannt (vgl. Mk 3,14-19). Das Buch Genesis zählt die zwölf Stämme Israels, benannt nach den zwölf Söhnen Jakobs, auf: Ruben, Simeon, Levi, Juda, Dan, Naftali, Gad, Ascher, Issachar, Sebulon, Josef und Benjamin (vgl. Gen 49). Das himmlische Jerusalem hat zwölf Tore, auf denen die Namen der Stämme Israels stehen. Die Bewohner werden mit symbolisch zu verstehenden Zahlen angegeben, die auf der Zwölf basieren: zwölfmal zwölftausend, das sind einhundertvierundvierzigtausend. Diese Zahlen werden uns später wieder begegnen (vgl. Offb 21,12.21; Ez 48,30-35). Neben den großen gibt es im Alten Testament zwölf kleine Propheten: Hosea, Joel, Amos, Obadja, Jona, Micha, Nahum, Habakuk, Zefanja, Haggai, Sacharja und Maleachi.

Die Zwölf bildet die Grundlage für das klassische englische Maß- und Gewichtssystem. Das Wort „Dutzend" ist uns geläufig; doch wer denkt daran, daß es eine Verballhornung des lateinischen Wortes „duodecim" ist?

DAS ZWEITE DUTZEND

Die ersten zwölf Zahlen sind in ihrer Symbolik ausführlicher dargestellt worden, als das mit den folgenden Zahlen geschehen kann, deren Symbolik allerdings meist auch nicht so reichhaltig ist. Je kleiner die Zahl, desto größer ist – meistens – der Symbolgehalt. Das bedeutet aber nicht, daß die Zahlen des zweiten Dutzend, die in diesem Kapitel in ihrer Symbolik behandelt werden, einfach auf die des ersten Dutzend zurückgeführt werden können. Es gibt vielmehr hier allein vier Primzahlen; diese sind, da auf keine andere Zahl zurückzuführen bzw. nur durch die Eins – die ja im strengen Sinne keine Zahl ist – zu teilen, von besonderem Interesse.

13 Glück oder Unglück

Die Dreizehn leidet unter der Zwölf; an deren Symbolik kommt sie nicht heran, denn sie enthält keine anderen Zahlen, ganz gleich von welcher Aussagekraft: Die Dreizehn ist eine Primzahl, eine „kinderlose" Zahl; sie steht einsam in der Welt der Zahlensysteme und -mystik. Ähnlich wie die Elf überschreitet die Dreizehn eine heilige Zahl und gilt deshalb als unordentlich oder anmaßend. Zugleich aber unterschreitet sie eine symbolträchtige Zahl: die Vierzehn.
Die Dreizehn ist die Zahl des Mondes. Als das Jahr nach Mondmonaten eingeteilt wurde, hatte es dreizehn Monate. Nachdem dann der Sonnenkalender mit der genaueren Einteilung in zwölf Monate eingeführt worden war, galt die alte, weniger präzise Ordnung als altmodisch und überholt; wer noch in Mondmonaten rechnete, war buchstäblich „hinter dem Mond". Deshalb ist der

Streit um die Zwölf und Dreizehn immer eine im wahrsten Sinne des Wortes „weltanschauliche" Auseinandersetzung gewesen.
Die Dreizehn hat aber auch eine biblische Deutung: Dreizehn – das ist Jakob mit seinen Söhnen oder Jesus mit seinen Jüngern, den „Zwölf". Doch findet sich hier auch die negative Deutung: Jesus und seine Jünger, das sind Dreizehn; da ist einer – Judas natürlich – zuviel. Beim Laubhüttenfest der Juden mußten dreizehn Stiere geopfert werden (vgl. Num 29,13). Aus dem folgenden Text, dem Buch Exodus entnommen, hat man eine positive Symbolik abgeleitet: Gottes dreizehn Eigenschaften:
„Jahwe ist ein barmherziger und gnädiger Gott, langmütig, reich an Huld und Treue: Er bewahrt Tausenden Huld, nimmt Schuld, Frevel und Sünde weg, läßt aber den Sünder nicht ungestraft; er verfolgt die Schuld der Väter an den Söhnen und Enkeln, an der dritten und vierten Generation" (Ex 34,6-7). Im Mittelalter hat man eine andere positive Deutung der Dreizehn konstruiert: Dreizehn – das ist die Kombination aus den zehn Geboten und der Trinität.
In dem Märchen „Dornröschen" darf die dreizehnte Fee nicht kommen, denn man befürchtet, daß sie Unglück bringt. Und so rächt sie sich mit einer Verwünschung. Der Aberglaube sieht in der Dreizehn vornehmlich eine negative Zahl. Welcher Hotelier würde es wagen, ein Zimmer mit der Nummer 13 anzubieten! Wenn uns etwas zuviel ist oder über ein vertretbares Maß hinausgeht, dann sagen wir: „Jetzt schlägt's Dreizehn!"

14 Nothelfer

Die Vierzehn ist eine doppelte Sieben. Ihre religionsgeschichtliche Symbolik leitet sich vom

Mond ab, weshalb sie besonders im Islam vielfältig gedeutet wird. Die Vierzehn ist eine Mondzahl, denn nach vierzehn Tagen zunehmenden Mondes wird der Vollmond erreicht, der für die Bestimmung einzelner islamischer Festtage von größter Wichtigkeit ist. Die Vierzehn beinhaltet die Hälfte der möglichen Stellungen des Mondes und zugleich der Buchstaben des arabischen Alphabetes. Der Islam ist bis in die Schrift hinein also eine am Mond orientierte Religion.
Im Alter von vierzehn Jahren etwa vollzieht sich der Übergang von der Kindheit zur Jugend und bei den Mädchen auch zur Geschlechtsreife; innerlich geschieht in diesem Alter eine Ablösung der Kinder von den Eltern (vgl. auch die Angaben zu den zehn jeweils sieben Jahre umfassenden Altersstufen bei der Behandlung der Zehn!). Beim Laubhüttenfest der Juden wurden vierzehn fehlerlose, einjährige Lämmer geschlachtet – ein Symbol der Reinheit (vgl. Num 29,13).
Jesus starb am vierzehnten Tag des Monats Nisan. Sein Kreuzweg, wie er seit Jahrhunderten in Erinnerung an Jesu Leiden gefeiert und auch während des Kirchenjahres gebetet wird, umfaßt vierzehn Stationen.
Besondere Bedeutung haben für die Volksfrömmigkeit die vierzehn Nothelfer, Heilige, die man als Patrone in bestimmten Anliegen anruft. Es sind die Heiligen: Georg, Blasius, Erasmus, Pantaleon, Vitus, Christophorus, Dionysius, Cyriakus, Achatius, Eustachius, Ägidius, Margaretha, Katharina und Barbara. Mit ihrer Zahl Vierzehn sind sie ein Symbol für die Einheit von Vernunft und Güte. Zu Ehren der vierzehn Nothelfer gibt es viele Darstellungen; am bekanntesten und bedeutendsten ist die barocke Basilika von Vierzehnheiligen in Oberfranken. Um einen besonderen Schutz wie bei den vierzehn Nothel-

fern geht es auch in dem Abendgebet: „Abends, wenn ich schlafen geh', vierzehn Englein um mich steh'n."

15 Vollmond

Die Fünfzehn ist das Symbol des vollen Mondes, des Höchststandes, der nach dem vierzehnten Tag – wie oben unter der Vierzehn erwähnt – erreicht wird. Von daher gilt die Fünfzehn wiederum besonders im Islam als symbolträchtige und heilige Zahl. Wie wir im Deutschen für eine Woche gerne „acht Tage" sagen, so sagt der Franzose für zwei Wochen „fünfzehn (quinze)" Tage. Auch arithmetisch ist die Fünfzehn interessant, denn sie enthält mehrere Grundzahlen. Zunächst ist die Fünfzehn die Summe der Zahlen Eins bis Fünf, sodann das Produkt der Zahlen Drei und Fünf, die erste davon Symbol der Synthese und göttliche Zahl (Trinität), die zweite als Vereinigung von Zwei und Drei, der femininen und maskulinen Zahl, Symbol für Eros und Liebe. Die Fünfzehn ist die Summenzahl des magischen Quadrats, einer besonderen Anordnung der Ziffern Eins bis Neun:

1	2	3
4	5	6
7	8	9

Bei allen Summen der Diagonalen dieses magischen Quadrats beträgt das Ergebnis Fünfzehn. Diese Anordnung der Ziffern wird bei den elektronischen Taschenrechnern verwendet, nur daß meistens in der unteren Zeile mit der Eins begonnen wird.

Dem Alten Testament ist die Fünfzehn eine heilige Zahl, zählt man doch fünfzehn Generationen von Abraham bis Salomo. Die Stadt Ninive hatte fünfzehn Tore; die Zahl spielte eine Rolle in der Verehrung der Ischtar und Venus. Möglicherweise gibt es von daher auch Zusammenhänge mit der Marienverehrung: Der Rosenkranz umfaßt fünfzehn Geheimnisse, die in drei Fünfergruppen, dem freudenreichen, schmerzensreichen und glorreichen Rosenkranz, zusammengefaßt sind.

16 Ganzheit

Die Sechzehn ist das Quadrat der Vier, die als Inbegriff der Ordnung gilt, liegt ihr geometrisch doch das Quadrat zugrunde. So ist die Sechzehn ein Symbol der potenzierten Ordnung, ein Maß der Vollkommenheit.
Besonders in Rom – das ja, wie bereits bei der Vier erwähnt, einen quadratischen Grundriß hatte – spielte die Vier eine besondere Rolle. Sie galt als ein „menschliches Maß", das jeder nachvollziehen und überprüfen konnte: Ein Fuß war unterteilt in vier Handbreit, eine Handbreit in vier Finger, ein Fuß betrug also sechzehn Finger.
Auch in der Folge des Zählens stellt die Sechzehn einen Einschnitt dar. Nach der Sechzehn beginnt eine andere sprachliche Form des Zählens, so etwa im Französischen: Auf „seize" folgt „dixsept" („zehn-sieben").
Die Sechzehn ist als Taktmaß in der Musik von Bedeutung, nämlich als zweimaliges Teilen des Grundmaßes durch Vier. Im Zusammenhang mit den vier Elementen spielt die Sechzehn in der Esoterik eine Rolle, so bei den Rosenkreuzern, die von sechzehn Elementen der Philosophie sprechen.

17 Gebot und Geist

Die Symbolik der Primzahl Siebzehn ist religiöser Natur. Nach dem biblischen Bericht begann die Sintflut am siebzehnten Tag des zweiten Monats und endete am siebzehnten Tag des siebten Monats mit dem Aufsetzen der Arche auf dem Berg Ararat (vgl. Gen 7,11; 8,4).
Im Islam spielt die Siebzehn eine Rolle zunächst in der Zahlenmystik, und zwar als Summe der Zahlen Eins, Drei, Fünf und Acht, die als Fundament aller anderen Zahlen gelten. Ali soll nach islamischer Tradition siebzehn Gefährten gehabt und dreimal am Tag siebzehn Gebete verrichtet haben. Das griechische Alphabet hat siebzehn Konsonanten, und ein Hexameter besteht aus siebzehn Silben.
Mit der Symbolik der Siebzehn hat sich im Christentum besonders der heilige Augustinus beschäftigt. Er sieht in ihr die Zehn und die Sieben in Einheit gebracht: die zehn Gebote und die sieben Gaben des Heiligen Geistes, was er „mirabile sacramentum“ (wunderbares Sakrament) nennt und als ideale Einheit von Gesetz und Gnade deutet.

18 Doppelte Neun

Die Achtzehn ist ein Produkt sowohl aus Drei und Sechs als auch aus Zwei und Neun, also die doppelte Neun, wobei bereits die Neun als dreimal die Drei als vollendete Synthese gilt. Die Achtzehn ist Teil der Kreiszahl Dreihundertsechzig, der Gradeinteilung des Kompasses also. Aus dem jüdischen Gottesdienst ist das „Achtzehngebet“ als eines der populärsten Gebete bekannt. Im Lukasevangelium wird von einer ge-

krümmten Frau berichtet, die seit achtzehn Jahren von einem Dämon geplagt wurde (vgl. Lk 13,10-17). Jesus heilte diese Frau, und seit früher Auslegung gilt deshalb die Achtzehn als Inbegriff der Gnade und Heilung. Die mittelalterliche Exegese hat die Achtzehn gerne gedeutet von ihren beiden Elementen Zehn und Acht her als die Erfüllung des Gesetzes durch die Gnade: Die Zehn steht für das Gesetz (Dekalog = zehn Gebote), die Acht für die Gnade, im Anschluß an die Auferstehung Jesu am achten Tag und an die acht Seligkeiten.
Im praktischen Leben spielt die Achtzehn heute insofern eine Rolle, als mit achtzehn Jahren die Volljährigkeit erlangt wird.

19 Kosmos

Als Zahl vor der Zwanzig ist die Neunzehn zunächst eine unvollständige und zudem eine Primzahl. Sie ist aber auch die Summe zweier Zahlen mit bedeutendem Symbolgehalt: der Zwölf, die den Kreis und damit Vollkommenheit symbolisiert, und der Sieben, die für Struktur und Weisheit steht und den Christen eine heilige Zahl ist. Weil diese beiden Teilzahlen der Neunzehn auch im Kosmos eine Rolle spielen, gilt die Neunzehn als Zahl mit kosmisch-astrologischer Symbolik: Sie setzt sich zusammen aus den zwölf Tierkreiszeichen und den sieben Planeten (nach dem Verständnis des Altertums). Die Bahai halten die Neunzehn besonders heilig: Sie teilen das Jahr in neunzehn Monate mit jeweils neunzehn Tagen ein, was allerdings nur 361 Tage ergibt und noch ungenauer ist als das Mondjahr mit dreizehn Monaten zu je achtundzwanzig Tagen.

20 Ein Mensch durchgezählt

Die Zwanzig ist eine Zahl des Menschen. Bei den Eskimos bedeutet diese Zahl: „ein Mensch durchgezählt“, womit gemeint ist: Wenn ein Mensch anhand seiner Finger und Zehen etwas abzählt, dann kommt er bis zur Zwanzig. Darüber hinaus gehende Zahlen sind im Menschen nicht angelegt. Es ist eine ähnliche Beobachtung, wie sie bereits bei der Fünf gemacht wurde, deren Symbol die Hand als die „handlichste Rechenmaschine“ ist. Die Zwanzig ist ein Produkt aus der Fünf und der Vier, welche die fünf Bücher Mose und die vier Evangelien versinnbilden oder das Gesetz und die Gnade. Darin also kann man die religiöse Symbolik der Zwanzig sehen.

Die Zwanzig ist ein altes Mengenmaß, das heute aber kaum mehr eine Rolle spielt: ein Ries umfaßt zwanzig Ballen, Pakete oder sonstige Einheiten; eine Stiege sind zwanzig Eier oder ähnliches. Von Odysseus wird überliefert, er habe zwanzig Jahre lang in der Fremde gelebt, und diese Zeit wird als sein Weg zur Reife verstanden.

Im Französischen bildet die Zwanzig den Ausgangspunkt für größere Zahlen: Nachdem Sechzig und Siebzig eigene Zahlwörter haben, heißt die Achtzig „quatre-vingt“, wörtlich: vier (mal) zwanzig.

21 Weisheit

Die Einundzwanzig leitet sich von der Sieben ab und von der Drei, zwei Zahlen mit hohem Symbolgehalt: die Drei als Synthese und göttliche Zahl (Trinität), die Sieben als Zeichen der Struktur und Weisheit.

Bei den zehn Lebensaltern des Menschen zu je

sieben Jahren (vgl. die Ausführungen zur Zehn), symbolisiert die Einundzwanzig am Ende des dritten Lebensalters den Erwachsenen, versinnbildet durch den Bart. Früher wurde man denn auch mit einundzwanzig Jahren volljährig.
Der Symbolgehalt der Einundzwanzig als Weisheitszahl, die sich aus der Drei und der Sieben zusammensetzt, wird im alttestamentlichen Buch der Weisheit in Form der einundzwanzig Eigenschaften der Weisheit so umschrieben:
„Alles Verborgene und alles Offenbare habe ich erkannt; denn es lehrte mich die Weisheit, die Meisterin aller Dinge.
In ihr ist ein Geist, gedankenvoll, heilig, einzigartig, mannigfaltig, zart, beweglich, durchdringend, unbefleckt, klar, unverletzlich, das Gute liebend, scharf, nicht zu hemmen, wohltätig, menschenfreundlich, fest, sicher, ohne Sorge, alles vermögend, alles überwachend und alle Geister durchdringend, die denkenden, reinen und zarten. Denn die Weisheit ist beweglicher als alle Bewegung; in ihrer Reinheit durchdringt und erfüllt sie alles. Sie ist ein Hauch der Kraft Gottes und reiner Ausfluß der Herrlichkeit des Allherrschers; darum fällt kein Schatten auf sie. Sie ist der Widerschein des ewigen Lichtes, der ungetrübte Spiegel von Gottes Kraft, das Bild seiner Vollkommenheit“ (Weish 7,21-26).

22 Buchstaben

Die Zweiundzwanzig ist eine doppelte Elf, hat aber nicht unbedingt deren Symbolik übernommen, die eher von Unvollkommenheit, vom Zuviel oder Zuwenig geprägt ist.
Die Zweiundzwanzig spielt im Judentum eine große Rolle, hat doch das hebräische Alphabet

zweiundzwanzig Buchstaben. Der letzte Buchstabe dieses Alphabetes, das Taw, ähnelt als T-Zeichen dem Kreuz; von daher kommt der Zweiundzwanzig auch eine abgeleitete christliche Symbolik zu, zumal in der Apokalyptik das Taw-Zeichen aufgegriffen wird: Nach dem Buch Ezechiel (9,4) wurden alle Gerechten in Jerusalem durch ein Taw-Zeichen auf der Stirn gerettet, was dann in der Geheimen Offenbarung des Johannes folgendermaßen aufgegriffen wurde: „Dann sah ich vom Osten her einen anderen Engel emporsteigen; er hatte das Siegel des lebendigen Gottes und rief den vier Engeln, denen die Macht gegeben war, dem Land und dem Meer Schaden zuzufügen, mit lauter Stimme zu: Fügt dem Land, dem Meer und den Bäumen keinen Schaden zu, bis wir den Knechten unseres Gottes das Siegel auf die Stirn gedrückt haben“ (Offb 7,2-3; vgl. auch 9,4).
In der Esoterik versinnnbildet die Zweiundzwanzig die Stufen oder Grade des Initiationsweges, deren Symbole auch die zweiundzwanzig Trumpfkarten des Tarotspieles bilden.

24 Harmonie

Nicht nur die Vier und die Zwanzig sind in der Vierundzwanzig enthalten, sondern sie bildet auch das Produkt aus der Vier und der Sechs, der Ordnung und Vollkommenheit, ebenso wie aus der Drei und der Acht, der Synthese und dem Glück. Damit sind so ziemlich alle wichtigen Symbole in der Vierundzwanzig enthalten.
Vierundzwanzig Stunden hat der Tag, die Nacht eingerechnet. Von diesem Zueinander und von der Harmonie ist die Symbolik der Vierundzwanzig bestimmt. Zweimal die Zwölf, die im

Kreis symbolisiert ist, das allein wäre schon ausreichend positive Symbolik. Die Vierundzwanzig ist ein doppelter Tierkreis, eine zweifache Monatsreihe – das alles wurde gedeutet auch als große Harmonie von Himmel und Erde, etwa in Babylon, das vierundzwanzig Gestirne als Götter verehrte.
Das griechische Alphabet hat vierundzwanzig Buchstaben. Daraus wurde, ähnlich wie im Judentum bei der Zweiundzwanzig, eine Symbolik und Spekulation abgeleitet in vielfältigen Formen. Das Alte Testament kennt vierundzwanzig Klassen von Priestern und Leviten (vgl. 1 Chr 24). In der Apokalypse spielt die Vierundzwanzig eine große Rolle: „Rings um den Thron standen vierundzwanzig Throne, und auf den Thronen saßen vierundzwanzig Älteste in weißen Gewändern und mit goldenen Kränzen auf dem Haupt... Dann werfen sich die vierundzwanzig Ältesten vor dem, der auf dem Thron sitzt, nieder und beten ihn an, der in alle Ewigkeit lebt“ (Offb 4,4.10). Wer diese vierundzwanzig Ältesten sind, läßt sich nicht eindeutig sagen; es sei nur erinnert an die zwölf Söhne Jakobs, von denen sich die Stämme Israels ableiten, und an die zwölf Apostel. Möglicherweise soll mit dieser Zahl der Harmonie auch nur auf die Vertretung der gesamten Welt der Heiligen angespielt werden.
Ein Datum mit der Vierundzwanzig ist nach christlicher Tradition wichtig: der vierundzwanzigste Dezember, der Heilige Abend, Vorabend des Weihnachtsfestes. Nicht nur Kinder merken sich dieses Datum gut wegen der zu erwartenden Bescherung.

27/28 Mondphasen

Siebenundzwanzig und Achtundzwanzig sind Mondzahlen, und im Grunde bilden sie eine Einheit: Nach dem alten Mondkalender gab es nur drei Mondphasen: den zunehmenden Mond, den Vollmond und den abnehmenden Mond; der Neumond wurde nicht mitgezählt. So ergaben sich bei drei Mondphasen von je neun Tagen Dauer insgesamt also siebenundzwanzig Tage. Daher gilt die Siebenundzwanzig als Mondzahl. Eigentlich ist aber die Achtundzwanzig die exakte Mondzahl, denn der Mondzyklus beträgt achtundzwanzig Tage, die volle Zeit der Veränderung bis zur Wiederkehr des Ausgangszustandes.
Mit der großen Bedeutung, die der Mond besonders für den Islam hat, hängt auch die Tatsache zusammen, daß das islamische Alphabet achtundzwanzig Buchstaben hat. Nach islamischer Tradition gingen Mohammed, dem letzten und höchsten der Propheten, achtundzwanzig Propheten voraus, unter ihnen Jesus.
Die Achtundzwanzig ließe sich symbolisch auch deuten von der Vier (Ordnung) und Sieben (Weisheit) her, deren Produkt sie ist.

30 Reife

Von Jesus wird berichtet, er sei bei Beginn seines öffentlichen Auftretens und Wirkens etwa dreißig Jahre alt gewesen (vgl. Lk 3,23). Der alttestamentliche Josef war ebenfalls dreißig Jahre alt, als er unter dem Pharao von Ägypten zum Verwalter

des Landes und zum zweiten Mann im ganzen Reich bestellt wurde (vgl. Gen 41,46). In Rom galten dreißig Jahre als Mindestalter für einen Mann, der Volkstribun werden wollte.
In der Bibel wird die Dreißig verwendet, um einen Monat anzugeben oder einfach eine größere oder runde Anzahl von Menschen, Tagen oder Jahren.
Die Dreißig ist das Produkt der Fünf und der Sechs, also von Liebe und Vollkommenheit; aber auch das Produkt aus Drei und Zehn, was dann christlich gedeutet wird als Verbindung der Symbolik der Trinität mit der des Dekalogs.
Eine negative Symbolik hat die Dreißig ebenfalls im biblischen Raum: Judas hat den Herrn für dreißig Silberstücke verraten (vgl. Mt 26,15).

33 Vollendung

Die Dreiunddreißig gilt vor allem deshalb als Zahl der Vollendung, weil Jesus dreiunddreißig Jahre gelebt hat und sich sein Menschsein in diesen Jahren, seinem Wirken, seinem Leiden, Tod und seiner Auferstehung vollendet hat. Dreiunddreißig gilt auch im Islam als das ideale Alter der Seligen. Man ist versucht, in diesem doppelten Zusammenhang an die Bedeutung der Lebensmitte zu denken, wie sie in heutiger Zeit wieder bewußter geworden ist.
König David regierte dreiunddreißig Jahre in Jerusalem, nachdem er bereits sieben Jahre über Israel geherrscht hatte (vgl. 1 Kön 2,11). Seine „Divina Commedia“ hat Dante in drei Bücher zu je dreiunddreißig Gesängen aufgeteilt, womit er wohl einen Hinweis auf das Leben Jesu geben wollte. Die Summe der drei Teile, die neunundneunzig, gilt – wie noch zu zeigen ist – als Vorbe-

reitung auf die Vollendung, die durch die Zahl Hundert symbolisiert wird.

40 Rein und heilig

Die Vierzig symbolisiert die Vollendung, jedoch noch nicht die letztgültige, sondern eine, die auch noch Vorbereitung auf Größeres oder Höheres sein kann. Die Vierzig ist das Produkt aus der Vier und der Zehn, aus der Ordnung und dem Ganzen oder Runden. Augustinus hat die Vierzig gedeutet als das Produkt aus der Zeit (Vier) und dem Wissen (Zehn). Bei Zeitangaben gilt die Vierzig allgemein als runde Zahl. Man kann die Vierzig aber auch anders aufteilen, indem man sie zerlegt in die Achtundzwanzig – das ist die Zahl der Mondstellungen – und die Zwölf, die Zahl des Tierkreises. Damit ist der Vierzig eine astrale Bedeutung beigemessen, wie sie auch in den vierzig Steinblöcken in Stonehenge zum Ausdruck kommt.
Vierzig Jahre werden gerne bezeichnet als Zeit einer Lebenswende, dann, wenn der Höhepunkt der Kraft und Energie überschritten ist. Von den Schwaben sagt man, sie würden mit Vierzig oder nie gescheit.
In der orientalischen Welt wird die Vierzig betrachtet als Symbol der Reinigung. So gilt traditionell im Judentum und Islam etwa für Wöchnerinnen eine vierzigtägige Reinigungszeit. Vierzig Tage wurde getrauert, und am Ende dieser Tage gab es eigene Riten, die zeigen sollten, daß die Zeit der Reinigung und Trauer beendet ist und das Leben wieder seinen Gang nimmt. David regierte insgesamt vierzig Jahre über Israel und in Jerusalem (vgl. 1 Kön 2,11). Vierzig Jahre wanderte das Volk Israel durch die Wüste, ehe es in das Gelobte

Land ziehen konnte (vgl. Num 14,33). Vierzig Tage regnete es ununterbrochen bei der Sintflut, bis alles Land überschwemmt war (vgl. Gen 7). Mose weilte vierzig Tage und vierzig Nächte auf dem Berg Sinai in der Nähe Gottes (vgl. Ex 24,18). Viel von der bereits aufgeführten Symbolik findet sich auch im Leben Jesu. Er fastete vierzig Tage, bis ihn hungerte und der Versucher an ihn herantrat (vgl. Mt 4,1-11). Von Jesu Fasten – verbunden mit der Symbolik der Reinigung – leitet sich die vierzigtägige Fastenzeit, die „Quadragese" ab. Jesu Grabesruhe dauerte vierzig Stunden; zur Erinnerung daran wurde das in vielen Gemeinden übliche vierzigstündige Gebet eingeführt. Nach islamischer Tradition empfing Mohammed im Alter von vierzig Jahren seine erste Offenbarung, auch das zugleich ein Hinweis auf die Theorie von der Lebenswende. Und schließlich spielt die Vierzig noch eine Rolle in der Geschichte von Ali Baba und den vierzig Räubern.

49 / 50 Fest und Jubel

Die Fünfzig muß mit der ihr vorausgehenden Neunundvierzig zusammen betrachtet werden, denn die Neunundvierzig stellt nicht nur das heilige Quadrat von Sieben, der Weisheitszahl dar, sondern ist auch die noch unvollendete Fünfzig in deren Symbolik von Pfingsten. In dem System der zehn Lebensabschnitte zu je sieben Jahren gilt die Neunundvierzig als Zeit des Klimakteriums der Frau.
Fünfzig Jahre, oder ein halbes Jahrhundert, wie manchmal bei Geburtstagsfeiern nicht ganz ohne Stolz gesagt wird, ist ein markanter Punkt im Leben eines Menschen. Was er bis dahin nicht verwirklicht hat, familiär oder beruflich, wird er

nur in den seltensten Fällen noch erreichen. Da spricht man dann nicht nur von der Rückbesinnung auf das bisher Erreichte, sondern manchmal auch von Torschlußpanik. Im antiken Rom war man mit fünfzig Jahren vom Kriegsdienst befreit, eine weise oder vielleicht auch nur aus Erfahrung stammende Entscheidung.

In der Bibel steht die Fünfzig für das Jobeljahr, in dem alle Schulden erlassen, alle Sklaven freigelassen und eine umfassende Arbeitsruhe eingehalten werden mußten. Das Ziel dieses Jobeljahres war, die usprüngliche Ordnung der Gleichheit aller Israeliten wiederherzustellen in Erinnerung an den Zustand bei der Landnahme nach dem Wüstenzug (vgl. Lev 25,8-12). Die Fünfzig ist aber auch zu einem Symbol der Reue geworden, in Anlehnung an den fünfzigsten (nach heutiger Zählung: einundfünfzigsten) Psalm, das bekannte Sündenbekenntnis Davids, oder wie es in der Einleitung heißt: „Ein Psalm Davids, als der Prophet Natan zu ihm kam, nachdem sich David mit Batseba vergangen hatte“ (Ps 51,1-2).

Fünfzig – das ist der Name von Pfingsten oder „Pentekoste“, der fünfzigste Tag nach Ostern, an dem sich das Geschehen der Auferstehung und Himmelfahrt Jesu in der Sendung des Heiligen Geistes erfüllte, zugleich Geburtsstunde der Kirche (vgl. Apg 2,1). Die Neunundvierzig aber steht für die Tage, die zwischen diesen beiden Festen liegen. Pfingsten war ursprünglich ein Erntedankfest im Judentum.

Nach all dieser positiven Symbolik sei wenigstens noch ein negatives Beispiel erwähnt: die Bezeichnung eines Menschen als „falscher Fünfziger“, womit nicht Falschgeld gemeint ist, sondern Unzuverlässigkeit und Unberechenbarkeit ausgedrückt werden soll.

52 Wochen

Zweiundfünfzig Wochen zählt das Jahr – und einen Tag, in Schaltjahren sogar zwei. Wochen und Jahr sind also nicht deckungsgleich. Nach der alten Zählung gab es dreizehn Mondmonate zu je vier Wochen, was eine noch größere Ungenauigkeit im Laufe des Jahres bedeutete.
Trotz dieser astrologischen Zusammenhänge hat die Zweiundfünfzig keine bedeutende Symbolik entwickeln können. Die Zahl kann aufgeteilt werden in zwei andere, symbolträchtigere Zahlen, nämlich die Vierzig (rein und heilig) und die Zwölf (Kreis). Doch wurde daraus kaum etwas abgeleitet.

60 Stunde und Minute

Die Sechzig ist eine im wahrsten Sinne des Wortes vielseitige Zahl; sie läßt sich dividieren durch Zwei, Drei, Vier, Fünf, Sechs, Zehn, Zwölf, Fünfzehn, Zwanzig und Dreißig. In unserer Zeiteinteilung spielt sie eine wichtige Rolle: Eine Minute setzt sich aus sechzig Sekunden und eine Stunde aus sechzig Minuten zusammen. Als Maßeinheit mit eigenem Namen ist die Sechzig allerdings schon fast in Vergessenheit geraten: Wer weiß noch, daß sechzig Stück ein „Schock“ sind?
In China gilt die Sechzig als Symbol des Lebens: Mit sechzig Jahren hat der Mensch seinen Lebenslauf vollendet.
Bei Mystikern und Esoterikern spielt die Sechzig eine Rolle wegen der in ihr enthaltenen Drei (Synthese, Göttlichkeit), Vier (Ordnung und Quadrat) und Fünf (Hand, Eros, Liebe, Vereinigung).

64 Glückszahl

Die Vierundsechzig ist eine Zahl von Spiel und Schicksal. Als Quadratzahl der Acht, die für Glück steht, ist sie so etwas wie die Glückszahl schlechthin oder Zeichen für das große Glück. Zudem ist die Vierundsechzig die vierfache Sechzehn – ein Symbol für Ganzheit – und damit die Vier hoch Drei.

Das königliche Spiel Schach wird geführt auf einem Brett mit vierundsechzig Feldern; sie genügen für die Unzahl von Möglichkeiten, die dieses Spiel nie langweilig machen.

Auch in der Erotik spielt die Vierundsechzig eine Rolle: Vierundsechzig Liebeskünste lehrt das Kamasutra, und ähnliches wird von Schiva in Indien gesagt.

70 / 72 Fülle

Die Siebzig und die Zweiundsiebzig gehören eng zusammen und werden deshalb auch gemeinsam betrachtet. Die Siebzig steht zunächst für die Lebensfülle, wie es bereits in Psalm 90,10 heißt: „Unser Leben währt siebzig Jahre, und wenn es hoch kommt, sind es achtzig. Das Beste daran ist nur Mühsal und Beschwer, rasch geht es vorbei, wir fliegen dahin." Ein sehr menschliches Wort, auch wenn sich inzwischen die Lebenserwartung im Durchschnitt erhöht hat in unseren Breiten.

Die Siebzig gilt als ideale Zahl, Produkt aus Sieben (Weisheit und Heiligkeit) und Zehn (Ganzes). Mose setzte siebzig Älteste im Volk Israel ein, denen er einen Teil seiner Verantwortung übertragen konnte (vgl. Num 11,24). Siebzig Jahre dauerte die Gefangenschaft Israels in Babylon (vgl. Jer 25,11). Siebzig oder zweiundsiebzig Ge-

lehrte sollen das Alte Testament ins Griechische übersetzt haben, die „Septuaginta“.
Die Zweiundsiebzig ist von den ihr zugrundeliegenden Zahlen nicht weniger symbolträchtig als die Siebzig: Sie ist das Produkt aus Sechs (Vollkommenheit) und Zwölf (Kreis als vollkommene Gestalt), und aus Drei (Synthese, Göttlichkeit) und Vierundzwanzig (Harmonie von Himmel und Erde).
In der Antike herrschte die Vorstellung, es gebe auf der ganze Erde zweiundsiebzig Völker und zweiundsiebzig Sprachen. Die Etrusker sahen – ähnlich wie der neunzigste Psalm – das Lebensende mit dem zweiundsiebzigsten Jahr kommen. Die Chinesen verstanden die Zweiundsiebzig als Produkt aus neun Provinzen, multipliziert mit den acht Himmelsrichtungen. So wurde die Zweiundsiebzig zum Symbol für das ganze Reich der Mitte.
Von Jesus berichtet der Evangelist Lukas, er habe aus seinen Jüngern Zweiundsiebzig ausgewählt und in alle Städte und Ortschaften gesandt, in die er selbst gehen wollte (vgl. Lk 10,1).

80 / 81 Alter

Nach dem bereits im Zusammenhang mit der Siebzig zitierten Psalm neunzig wird der Mensch, „wenn es hoch kommt“, achtzig Jahre alt. Die Achtzig beinhaltet zweimal die Vierzig, Symbol der Reinheit und Reinigung; viermal die Zwanzig, die „menschliche Zahl“, und fünfmal die Sechzehn, Symbol der Ganzheit, dargestellt als Quadrat aus Vier mal Vier, und zehnmal die Acht, die Glückszahl. Eigenartigerweise hat die Achtzig selbst aber keine nennenswerte Symbolik.
Da ist schon eher die Einundachtzig zu nennen.

Von dem griechischen Philosophen Plato wird überliefert, er sei im Alter von einundachtzig Jahren gestorben und habe damit die Potenz der Vollendung – von der Neun symbolisiert – erreicht.

99 Die Unvollendete

So knapp die große, runde Hundert zu verfehlen, ist Schande und Schmach zugleich; und von daher könnte man erwarten, daß die Neunundneunzig einen eindeutig negativen Symbolgehalt als Zahl der Unvollkommenheit hat. Doch das ist durchaus nicht der Fall. Sie gilt vielmehr unter anderem als das Tor zur Hundert.

Im Buch Genesis heißt es: „Als Abraham neunundneunzig Jahre alt war, erschien ihm der Herr und sprach zu ihm: Ich bin Gott, der Allmächtige. Geh deinen Weg vor mir, und sei rechtschaffen! Ich will einen Bund stiften zwischen mir und dir und dich sehr zahlreich machen... Das ist mein Bund mit dir: Du wirst Stammvater einer Menge von Völkern“ (Gen 17,1-4). Im hohen Alter, kurz vor einem Geburtstag, der eigentlich nur noch Aussicht auf den Tod läßt, erhielt Abraham diese Verheißung – er hat ihr und damit Gott getraut, zugetraut, daß selbst mit Hundert noch nicht alles vorbei ist.

Jesus hat in seinen Reden die Neunundneunzig gerne verwendet, und zwar als große Zahl, die dennoch der Eins gegenüber, mit der erst sie das volle Ganze bildet, ins Hintertreffen gerät: „Was meint ihr? Wenn jemand hundert Schafe hat und eines von ihnen sich verirrt, läßt er dann nicht die neunundneunzig auf den Bergen zurück und sucht das verirrte? Und wenn er es findet – amen, ich sage euch: er freut sich über dieses eine mehr als

über die neunundneunzig, die sich nicht verirrt haben“ (Mt 18,12-13). Und im Lukasevangelium wiederholt Jesus: „Ich sage euch: Ebenso wird auch im Himmel mehr Freude herrschen über einen einzigen Sünder, der umkehrt, als über neunundneunzig Gerechte, die es nicht nötig haben umzukehren“ (Lk 15,7).
Der Islam kennt eine dem Rosenkranz vergleichbare Gebetsschnur mit neunundneunzig Perlen für die neunundneunzig Namen Allahs, die aber Gott nicht ganz erfassen und benennen können, denn sein Wesen bleibt den Menschen im letzten unfaßbar. Auch dies ein Beispiel für die eigenartige Symbolik der Neunundneunzig.

HUNDERT UND MEHR

100 Das Runde

Hundert ist eine große Zahl; zwar nicht wenn man sie schreibt oder wenn man sich vorstellt, was man mit hundert Mark kaufen könnte. Wenn man aber von eins bis hundert zählt, so braucht das seine Zeit, und ganz ohne Fehler geht es kaum, wenn man sich nicht sehr gut konzentriert.
Zahlen müssen noch erfahrbar sein. Die Inflation des Geldes führt zu einer Inflation der Zahlen; da wird mit Milliarden und Billionen um sich geworfen wie in der großen Geldentwertung Ende der 20er Jahre dieses Jahrhunderts.
Hundert Mark mögen nicht viel sein. Wenn ein Lehrer etwas wirklich hundertmal erklären muß, ist er mit seinen Nerven am Ende. Die menschliche Geduld hat ihre Schwelle weit unter der Hundert. Es ist gut, die großen Zahlen in konkrete Beziehung zu unserem Leben zu setzen; sonst verlieren wir leicht das Maß.

Was man über die Hundert sagen kann, kann man zum guten Teil auch über die Zehn und die Tausend sagen. Das liegt aber nicht daran, daß einfach eine Null ab- oder angehängt wird. Die Zehn, die Hundert, die Tausend, die aus ihnen zusammengesetzten Zahlen bis zur Million und dann weiter mit der Zehn und der Hundert davor, sind als „runde“ Zahlen leicht eingängig, aber auch verführerisch: Man geht mit ihnen um, als wären sie das Kleingeld in der Tasche. Vor allem in der Politik, dort wo es um die Verteilung von Geld geht, ist diese Versuchung groß.
Die Hundert ist eine runde Zahl, auf- oder abgerundet oft, ohne daß man es ihr ansieht. Das

entwertet sie, denn dadurch scheint sie unpräzise und beliebig. Wenn die Mutter dem Kind vorhält: „Das habe ich dir schon hundertmal gesagt!“, dann hat sie ihre Worte sicherlich nicht nachgezählt, sondern meint nur, daß es jetzt reiche; der Worte seien genug gesagt. Da geht es schon genauer zu, wenn ein Zentner abgewogen wird, ein „centenarium“, wie das lateinische Wort für die hundert Pfund heißt. Aber auch da wird gelegentlich auf- oder abgerundet. Ein römischer Hauptmann, „Centurio“ genannt, hatte etwa hundert Soldaten unter sich, und diese hat er sicherlich regelmäßig nachgezählt. Wenn Jesus im Gleichnis vom Sämann über den Samen, der auf guten Boden fiel, sagt, er habe teils hundertfache, teils sechzigfache, teils dreißigfache Frucht gebracht, dann geht es auch hier nur um verschiedene Formen einer wunderbaren Fülle (vgl. Mt 13,8.23).
Die der Hundert am besten entsprechende Darstellung ist das Quadrat aus der Zehn.

144 Vollkommenheit im Quadrat

Die Einhundertvierundvierzig ist eine besonders faszinierende Zahl. Als potenzierte Zwölf bietet sie eine geradezu unüberbietbare Vollkommenheit oder Geschlossenheit, wenn man daran denkt, daß die Zwölf im Kreis und im Kreislauf des Jahres symbolisiert ist. So hat denn auch die Einhundertvierundvierzig einen eigenen Namen bekommen, der allerdings heute nicht mehr allen geläufig ist: ein Schock. Dieses Maß galt und gilt besonders da, wo auch noch mit der Zwölf, dem Dutzend, gerechnet wird.
Es kann nicht verwundern, daß die Einhundertvierundvierzig auch in der religiösen Zahlensymbolik eine bedeutende Rolle spielt, und zwar

dort, wo es um das Heilige geht. Der Seher Johannes beschreibt seine Vision vom Lamm und dessen Gefolge so:
„Und ich sah: Das Lamm stand auf dem Berg Zion, und bei ihm waren hundertvierundvierzigtausend; auf ihrer Stirn trugen sie seinen Namen und den Namen seines Vaters... Und sie sangen ein neues Lied vor dem Thron und vor den vier Lebewesen und vor den Ältesten. Aber niemand konnte das Lied singen lernen außer den hundertvierundvierzigtausend, die freigekauft und von der Erde weggenommen worden sind... Sie allein unter den Menschen sind freigekauft als Erstlingsgabe für Gott und das Lamm. Denn in ihrem Mund fand sich keinerlei Lüge. Sie sind ohne Makel" (Offb 14,1-5).
Auch diese Zahl ist ohne Zweifel symbolisch zu verstehen; sie enthält die wichtigsten Elemente der Vollkommenheit: die potenzierte Zwölf und die Tausend als die traditionell größte Zahl.

666 Das Geheimnis

Für jede Zahl hat man eine Erklärung und Deutung ihrer Symbolik gefunden, wenn auch manches etwas gewagt erscheinen mag. Eine Zahl aber entzieht sich bis heute jeder verläßlichen Deutung, obwohl seit zweitausend Jahren an ihr gerätselt wird. Diese Zahl findet sich in der Offenbarung des Johannes, auch Apokalypse genannt, und zwar im Zusammenhang mit dem zweiten Tier, „das stieg aus der Erde herauf. Es hatte zwei Hörner wie ein Lamm, aber es redete wie ein Drache. Die ganze Macht des ersten Tieres übte es vor dessen Augen aus. Es brachte die Erde und ihre Bewohner dazu, das erste Tier anzubeten, dessen tödliche Wunde geheilt war... Die Kleinen und die Großen, die Reichen und die Armen, die Freien und die Sklaven, alle zwang es, auf ihrer rechten Hand oder ihrer Stirn ein Kennzeichen anzubringen. Kaufen oder verkaufen konnte nur, wer das Kennzeichen trug: den Namen des Tieres oder die Zahl seines Namens. Hier braucht man Kenntnis. Wer Verstand hat, berechne den Zahlenwert des Tieres. Denn es ist die Zahl eines Menschennamens; seine Zahl ist sechshundertsechsundsechzig" (Offb 13,11-18).

„Hier braucht man Kenntnis", sagt Johannes; und diese Erkenntnis ist bisher nicht gefunden worden, obwohl es viele Deutungsversuche gibt, den Namen auszurechnen, etwa durch bestimmte Zahlenwerte für einzelne Buchstaben. Die einen meinen, praktisch jeder Name, ob Mensch oder Geschehen, könne so gedeutet werden, daß als Quersumme diese geheimnisvolle Zahl herauskomme. Die Zahl ist unter anderem gedeutet worden auf die Kaiser Caligula, Nero und Domitian, aber auch auf Papst Leo X., auf Luther und auf Mohammed, je nach der Blickrichtung, aus der man das oder den Bösen erkennen zu können glaubte. Der Kirchenlehrer Irenäus von Lyon sieht in der Zahl Sechshundertsechsundsechzig die Apostasie, den Glaubensabfall symbolisiert.

Keine Deutung befriedigt bisher. Es bleibt die Aufforderung des Sehers Johannes: „Hier braucht man Kenntnis. Wer Verstand hat, berechne den Zahlenwert des Tieres. Denn es ist die Zahl eines Menschennamens."

1000 Gottes Zahl

Vieles, das über die Zehn und die Hundert gesagt worden ist, ließe sich für die Tausend wiederho-

len. Sie ist im alten Zahlensystem die höchste Zahl mit eigenem Namen; alle weiteren sind von ihr abgeleitet und tragen sie in ihrem Namen. Das gibt der Tausend bereits eine herausragende Stellung und einen eigenen Symbolwert.
Tausend steht für viel, für Fülle, lange Zeit und Reichtum. So heißt es in Psalm 90: „Tausend Jahre sind vor dir wie der gestrige Tag, der verging" (Ps 90,4) – eine Aussage über die Größe Gottes, die kaum vorstellbar ist für den Menschen, der keine tausend, sondern – wenn überhaupt - höchstens hundert Jahre erlebt. Von Jahrtausenden zu sprechen ist nur auf eine sehr abstrakte und weit in die Geschichte zurückblikkende Weise möglich. Auch hier gerät der Mensch an eine Grenze seines Vorstellungsvermögens, und je abstrakter das wird, von dem er spricht, desto unpersönlicher und fremder ist es ihm.
Eine besonders Faszination übte und übt die Vorstellung von einem Tausendjährigen Reich aus. Besonders leidvolle Erfahrungen und Erinnerungen hat Deutschland an einen solchen Versuch. Doch die Vorstellung vom Tausendjährigen Reich ist viel älter, und sie hat eine ursprünglich positive Symbolik, wie die Bibel zeigt. In der Apokalypse ist davon mehrfach die Rede. Der Seher Johannes schreibt darüber:
„Dann sah ich einen Engel vom Himmel herabsteigen; auf seiner Hand trug er den Schlüssel zum Abgrund und eine schwere Kette. Er überwältigte den Drachen, die alte Schlange – das ist der Teufel oder der Satan –, und fesselte ihn für tausend Jahre" (Offb 20,1-2). Das Tausendjährige Reich ist in seiner Grundaussage also das Reich der Freiheit, der Befreiung aus der Knechtschaft des Bösen. Der Seher fährt fort: „Ich sah die Seelen aller, die enthauptet worden waren, weil sie an dem Zeugnis Jesu und am Wort Gottes

festgehalten hatten. Sie hatten das Tier und sein Standbild nicht angebetet, und sie hatten das Kennzeichen nicht auf ihrer Stirn und auf ihrer Hand anbringen lassen. Sie gelangten zum Leben und zur Herrschaft mit Christus" (Offb 20,4). Schließlich wird Satan freigelassen und endgültig besiegt, und der neue Himmel und die neue Erde, das neue Jerusalem entstehen - Gottes Herrschaft für alle Zeiten.

Die Tausend begegnet uns auch sonst noch in der Bibel. In der Apokalypse ist die Rede von tausendmal tausend und zehntausendmal zehntausend Engeln (vgl. Offb 5,11), der größten Zahl in der Bibel überhaupt. Und im zweiten Petrusbrief ist zu lesen – in Anlehnung an das, was bereits zuvor über die Tausend gesagt worden ist –, „daß beim Herrn ein Tag wie tausend Jahre und tausend Jahre wie ein Tag sind" (2 Petr 3,8).

Die Tausend ist auch zum Wegmaß geworden: Tausend – „mille" – Schritte sind eine Meile. Ansonsten wird auch die Tausend großzügig gebraucht, wo man von viel und Fülle sprechen will, beim Tausendfüßler, Tausendschönchen und Tausendsassa, der viel, aber sicherlich nicht Tausenderlei kann.

1.000.000 Reichtum

Eine Million – eine faszinierende Zahl. Ist die Tausend schon groß und fast nicht mehr direkt erlebbar – wer kann schon tausend Menschen nicht nur überblicken, sondern wirklich sehen und erkennen; wer hat einmal von Eins bis Tausend gezählt? –, so übersteigt die Million, die Potenz oder das Quadrat der Tausend, unsere konkrete Vorstellung. Deshalb hat es schon seine Berechtigung, von den noch größeren Zahlen als von „Unzahlen“ zu sprechen, weil sie kaum noch zählbar sind und sehr abstrakt bleiben, so leicht wir auch im öffentlichen Leben damit umgehen mögen.

Die Bibel kennt und nennt diese Zahlen als das, was sie sind: abstrakte Gebilde, Sinnbilder für unermeßliche Größe, so wenn es in der Offenbarung des Johannes über seine Vision heißt: „Ich sah, und ich hörte die Stimme von vielen Engeln rings um den Thron und um die Lebewesen und die Ältesten; die Zahl der Engel war zehntausendmal zehntausend und tausendmal tausend“ (Offb 5,11).

Um sich ein Bild von der Million zu machen, kann man sich einen Riesenwürfel von hundert Meter Seitenlänge vorstellen; das ergibt ein Volumen von einer Million Kubikmeter. Oder man denke an einen Quadratkilometer mit einer Million Quadratmetern; oder an eine Tonne, millionenmal grammweise abgewogen.

Da ist es schon leichter, davon zu träumen, eine Million Mark zu haben, denn ein Millionär zu sein gilt als Inbegriff des Reichtums. Und davon läßt sich gut träumen.

SCHLUSS

Verführerische Zahlen oder: Zahlen sind nicht alles

„Geld macht nicht glücklich, aber es beruhigt.“ An dieses Wort mag man denken im Blick auf die vielen vorausgehend genannten Zahlen, nicht zuletzt im Zusammenhang mit den großen Zahlen, die dazu verleiten, sie in Gedanken sogleich in Geldbeträge umzusetzen.
Doch die Zahlen sind mehr als Summen auf dem Konto. Zahlen sind Elemente unseres Lebens, Bilder für unsere Welt, Wege und Zugänge zu dieser Welt und Versuche, sie zu strukturien und auf diese Weise besser, d.h. tiefer zu verstehen. Zahlen sind nicht alles, und Zahlensymbolik hat nicht für alles eine Erklärung oder Deutung. Aber Zahlen helfen uns, die Mannigfaltigkeit der Welt zu erfassen und – wo es für unser Leben erforderlich ist und nicht nur einer anthropozentrischen Versuchung der Herrschaft oder Dominanz entspringt – zu gestalten. Zahlen können uns helfen, Zusammenhänge in unserer Welt, aber gelegentlich auch in unserer persönlichen Geschichte zu sehen und besser zu begreifen. Das gilt zum Beispiel für unsere Zeit, ja für unser Gefühl für Zeit überhaupt und für ihr Erleben, wie es die Menschen seit jeher tun im Wechsel der Jahreszeiten, die zu erkennen und zu gestalten ihr Überleben erst gewährleistet. Nur wenn wir Zeit einteilen und planen, wenn wir die Welt um uns maßnehmend erfassen, können wir sie zu unserem Wohl, und zugleich ihre Struktur berücksichtigend, gestalten.
Je länger sich der Mensch mit seiner Welt auseinandersetzt, desto deutlicher hat er die auch in

Zahlen auszudrückenden Strukturen und Zusammenhänge erkannt. Sie haben ihm geholfen, sein Leben in diesem Rahmen zu strukturieren und zu deuten; sie haben in ihm das Gefühl geweckt und gestärkt, daß die Welt und er in ihr einen Sinn hat, ja daß erst diese Strukturen ihm ein Leben in Gemeinschaft erlauben, denn der Mensch ist keine Monade, in sich als der Eins und dem Einzigen gefangen. Aus dieser Erfahrung der inneren Zusammenhänge heraus hat er eine über sich und seiner Welt stehende göttliche Ordnung erkannt, und er hat sich in sie integriert, hat sich ihr gebeugt. Deshalb spielen die Zahlen eine so große Rolle im religiösen Leben der Menschen zu allen Zeiten.

Wo der Mensch die Zahlen nicht mehr kennt, ihre Zusammenhänge nicht mehr sieht, fehlt ihm etwas Wichtiges für sein Leben, für das Verstehen seiner selbst. Vielleicht ist der gedankenlose Umgang mit Zahlen, die das Vorstellungsvermögen des Menschen überschreiten und überfordern, ein Grund für seine Orientierungslosigkeit und für seine Maßlosigkeit im Umgang mit der Welt, die sein Lebensraum und für ihn trotz aller Höhenflüge weiterhin Maßstab ist.

Zahlen wollen nicht nur berechnet und zueinander in Beziehung gebracht werden, sondern können dem Menschen helfen, an sich selbst Maß anzulegen, sich zu messen an seiner Welt und an seinesgleichen. Dabei kann ihm dann auch aufgehen, daß bei aller Zahlensymbolik, die menschliche Symbolik und Lebenshilfe sein will, über ihm der steht, den keine Zahl und kein Maß erfassen kann, und dessen Maß nur die Unendlichkeit seiner Liebe ist.

LITERATUR

F.C. Endres / A. Schimmel
DAS MYSTERIUM DER ZAHL
Zahlensymbolik im Kulturvergleich
(Diederichs Gelbe Reihe 52)
Köln 1984

O. Betz
DAS GEHEIMNIS DER ZAHLEN
(Symbole 5)
Stuttgart (1989) 1992

D. Wells
DAS LEXIKON DER ZAHLEN
Frankfurt 1990

F. Weinreb
ZAHL – ZEICHEN – WORT
Das symbolische Universum der Bibelsprache
Weiler 1986

H. Meyer / R. Suntrup
LEXIKON DER MITTELALTERLICHEN
ZAHLENBEDEUTUNGEN
München 1987

E. Bischoff
MYSTIK UND MAGIE DER ZAHLEN
Wiesbaden (1920) 1992

G. Ifrah
UNIVERSALGESCHICHTE DER ZAHLEN
Frankfurt - New York 1986

In den Münsterschwarzacher Kleinschriften (MKS) sind zum Thema SYMBOLE bereits erschienen:

B. Doppelfeld
SYMBOLE I: Bilder des Menschen (MKS 69)
Münsterschwarzach 1992

SYMBOLE II: Mensch und Zeit (MKS 70)
Münsterschwarzach 1992

SYMBOLE III: Mensch und Tier (MKS 78)
Münsterschwarzach 1993

MÜNSTERSCHWARZACHER KLEINSCHRIFTEN

Schriften zum geistlichen Leben

ISSN 0171-6360

1	Grün, A., **Gebet und Selbsterkenntnis**	(1979) 56 S., DM 5,60
2	Doppelfeld, B., **Der Weg zu seinem Zelt**	(1979) 64 S., DM 6,40
3	Ruppert/Grün, **Christus im Bruder**	(1979) 56 S.,DM 5,60
4	Hugger, P., **Meine Seele, preise den Herrn**	(1979) 84 S., DM 8,40
5	Louf, A., **Demut und Gehorsam**	(1979) 55 S., DM 5,40
6	Grün, A., **Der Umgang mit dem Bösen**	(1980) 84 S., DM 8,40
7	Grün, A., **Benedikt von Nursia**	(1979) 60 S., DM 6,00
8	Hugger, P., **Ein Psalmenlied, dem Herrn,** Teil 1	(1980) 72 S., DM 7,80
9	Hugger, P., **Ein Psalmenlied, dem Herrn,** Teil 2	(1980) 80 S., DM 8,40
10	Hugger, P., **Ein Psalmenlied, dem Herrn,** Teil 3	(1980) 80 S., DM 8,40
11	Grün, A., **Der Anspruch des Schweigens**	(1980) 72 S., DM 7,40
12	Schellenberger, B., **Einübung ins Spielen**	(1980) 52 S., DM 5,40
13	Grün, A., **Lebensmitte als geistliche Aufgabe**	(1980) 60 S., DM 6,40
14	Doppelfeld, B., **Höre – nimm an – erfülle**	(1981) 68 S., DM 7,40
15	Friedmann, E., **Mönche mitten in der Welt**	(1981) 76 S., DM 7,80
16	Grün, A., **Sehnsucht nach Gott**	(1982) 64 S., DM 6,80
17	Ruppert/Grün, **Bete und arbeite**	(1982) 80 S., DM 8,40
18	Lafrance, J., **Der Schrei des Gebetes**	(1983) 64 S., DM 6,80
19	Grün, A., **Einreden**	(1983) 78 S., DM 8,40
20	Visseaux, R.-N., **Beten nach dem Evangelium**	(1983) 68 S., DM 7,40
21	Main, J., **Meditieren mit den Vätern**	(1983) 52 S., DM 5,60
22	Grün, A., **Auf dem Wege**	(1983) 72 S., DM 7,80
23	Grün, A., **Fasten – Beten mit Leib und Seele**	(1984) 76 S., DM 7,80
25	Kreppold, G., **Die Bibel als Heilungsbuch**	(1985) 80 S., DM 8,40
26	Louf/Dufner, **Geistliche Vaterschaft**	(1984) 48 S., DM 5,40
27	Doppelfeld, B., **Die Jünger sind wir**	(1985) 68 S., DM 7,40
28	Schmidt, M.-W., **Christus finden in den Menschen**	(1985) 48 S., DM 5,40
29	Grün/Reepen, **Heilendes Kirchenjahr**	(1985) 88 S., DM 8,80
30	Durrwell, F.-X., **Eucharistie - das österl. S.**	(1985) 76 S., DM 7,80
31	Doppelfeld, B., **Mission**	(1985) 62 S., DM 6,80
32	Grün, A., **Glauben als Umdeuten**	(1986) 68 S., DM 7,40
34	Bar, C. de, **Du hast Menschen an m. Weg gest.**	(1986) 56 S., DM 5,80
35	Kreppold, G., **Kranke Bäume – Kranke Seelen**	(1986) 80 S., DM 8,40
36	Grün, A., **Einswerden**	(1986) 80 S., DM 8,80
37	Community, B., **Regel für einen neuen Bruder**	(1986) 48 S., DM 5,40
38	Doppelfeld, B., **Gemeinsam glauben**	(1987) 60 S., DM 6,80
39	Grün, A., **Dimensionen des Glaubens**	(1987) 80 S., DM 8,80
41	Domek, J., **Gott führt uns hinaus ins Weite**	(1987) 72 S., DM 7,80
44	Grün/Reitz, **Marienfeste**	(1987) 80 S., DM 8,80
45	Domek, J., **Segen – Quelle heilender Kraft**	(1988) 76 S., DM 8,40
46	Grün/Reepen, **Gebetesgebärden**	(1988) 72 S., DM 7,80
47	Kohlhaas, E., **Es singe das Leben**	(1988) 60 S., DM 6,80

48	Rickert, R., **Kieselsteine**	(1988)	52 S., DM	6,00
49	Abeln/Kner, **Such dir einen Einsamen**	(1988)	44 S., DM	5,20
50	Grün, A., **Chorgebet und Kontemplation**	(1988)	68 S., DM	7,60
51	Doppelfeld/Stahl, **Mit Maria auf dem Weg d.Gl.**	(1989)	68 S., DM	7,60
52	Grün, A., **Träume auf dem geistlichen Weg**	(1989)	68 S., DM	7,80
53	Kreppold, G., **Die Bergpredigt,** Teil 1	(1989)	88 S., DM	9,80
54	Kreppold, G., **Die Bergpredigt,** Teil 2	(1989)	72 S., DM	7,80
56	Doppelfeld, B., **Lebt gemäß eurer Berufung**	(1989)	68 S., DM	7,40
57	Grün/Dufner, **Gesundheit als geistl. Aufgabe**	(1989)	108 S., DM	10,80
58	Grün, A., **Ehelos - des Lebens wegen**	(1989)	88 S., DM	9,80
59	Staniloae, D., **Gebet und Heiligkeit**	(1990)	48 S., DM	5,80
60	Grün, A., **Gebet als Begegnung**	(1990)	88 S., DM	9,80
61	Doppelfeld, B., **Mission als Austausch**	(1990)	72 S., DM	7,80
62	Abeln/Kner, **Kein Weg im Leben ist vergebens**	(1990)	56 S., DM	6,40
63	Faricy/Wicks, **Jesus betrachten**	(1990)	40 S., DM	5,60
64	Grün, A., **Eucharistie und Selbstwerdung**	(1990)	94 S., DM	9,80
65	Doppelfeld, B., **Ein Gott aller Menschen**	(1991)	80 S., DM	8,80
66	Abeln/Kner, **Wie werde ich fertig m.m. Alter?**	(1992)	76 S., DM	8,40
67	Grün, A., **Geistl. Begleitung bei d.Wüstenv.**	(1992)	100 S., DM	10,80
68	Grün, A., **Tiefenpsycholog. Schriftauslegung**	(1992)	108 S., DM	10,80
69	Doppelfeld, B., **Symbole,** Teil 1	(1993)	112 S., DM	11,80
70	Doppelfeld, B., **Symbole,** Teil 2	(1993)	100 S., DM	10,80
71	Grün, A., **Bilder von Verwandlung**	(1993)	100 S., DM	10,80
72	Simons, G.F., **Religiöse Erfahrung**	(1993)	100 S., DM	10,80
73	Müller, W., **Meine Seele weint**	(1993)	68 S., DM	7,80
74	McDonnell, K., **Die Flamme neu entfachen**	(1993)	44 S., DM	5,80
75	Alphonso, H., **Die Persönliche Erfahrung**	(1993)	70 S., DM	8,40
76	Grün/Riedl, **Mystik und Eros**	(1993)	114 S., DM	12,80
77	Ziegler, G., **Der Weg zur Lebendigkeit**	(1993)	76 S., DM	8,80
78	Doppelfeld, B., **Symbole,** Teil 3	(1993)	88 S., DM	9,80
79	Ruppert, F., **Der Abt als Mensch**	(1993)	48 S., DM	5,80
80	Tiguila, B., **Afrikanische Weisheit**	(1993)	50 S., DM	6,40
81	Grün, A., **Biblische Bilder von Erlösung**	(1993)	102 S., DM	10,80
82	Grün, A., **Spiritualität von unten**	(1994)	108 S., DM	12,80
83	Doppelfeld, B., **Symbole,** Teil 4	(1994)	74 S., DM	8,80
84	Wilde, M., **Ich verstehe dich nicht!**	(1994)	56 S., DM	6,40

Weitere Veröffentlichungen folgen.

Vier-Türme-Verlag
D-97359 Münsterschwarzach Abtei
Telefon 0 93 24/20-2 92
Telefax 0 93 24/20-4 52